U0947124

宁波市高校思想政治教育重点改革项目资助（SZZD201601)）

学子强军梦

大学生军旅成长访谈录

主编 李炜 聂迎娉

『微化』思政课丛书

ZHEJIANG UNIVERSITY PRESS
浙江大学出版社

图书在版编目(CIP)数据

学子强军梦：大学生军旅成长访谈录 / 李炜，聂迎娉主编. — 杭州：浙江大学出版社，2018.8
ISBN 978-7-308-18426-7

Ⅰ. ①学… Ⅱ. ①李… ②聂… Ⅲ. ①大学生－访问记－中国－现代－文集 Ⅳ. ①K828.4-53

中国版本图书馆CIP数据核字(2018)第160995号

学子强军梦——大学生军旅成长访谈录

主编　李炜　聂迎娉

责任编辑　樊晓燕
责任校对　陈思佳　戴依依
封面设计　春天书装
出版发行　浙江大学出版社
（杭州市天目山路148号　邮政编码　310007）
（网址：http://www.zjupress.com）
排　　版　杭州林智广告有限公司
印　　刷　绍兴市越生彩印有限公司
开　　本　710mm×1000mm　1/16
印　　张　13.5
字　　数　192千
版 印 次　2018年8月第1版　2018年8月第1次印刷
书　　号　ISBN 978-7-308-18426-7
定　　价　39.00元

浙江大学出版社市场运营中心联系方式：0571-88925591；http://zjdxcbs.tmall.com

序

习近平总书记在党的十九大报告中寄语“青年一代有理想、有本领、有担当，国家就有前途，民族就有希望”，鼓励“广大青年要坚定理想信念，志存高远，脚踏实地，勇做时代的弄潮儿，在实现中国梦的生动实践中放飞青春梦想，在为人民利益的不懈奋斗中书写人生华章”。青年学子如何把握青春航向，如何度过璀璨年华，如何走好新时代征程，是每位大学生朋友的人生命题，也是高等教育面向未来、面向新时代的核心话题。

古往今来，教育的初心与使命是要实现对人的塑造。然而，塑造人之教育并没有约定俗成的范式。在课堂上接受知识是教育，在社会里拼搏历练也是教育。近几年，浙江大学宁波理工学院积极探索立德树人的新途径，开拓育人新方法，增强了大学生思想政治教育的有效性。如在抗日战争胜利70周年之际，组织大学生开展宁波地区抗战古遗址寻访与记录活动；结合家风家训教育，寻访甬城名人名家，梳理家风经典。学校将这些专访文章按专题编辑出版，成为同学们思想政治理论课教学的辅助读本。这些通过行走采访让大学生亲身感受、亲耳聆听、亲自记录的新形式，使思想政治教育内容“具体化、本地化、情景化”，收到了良好的育人效果。同学们在阅读这些亲历的并倾注了自己心血的文字时，其感触不言而喻。

作为方法的延续，此次学校将目光聚焦于这样一批青年学子，他们在韶华之年，选择携笔从戎、奔赴沙场，践行“强军梦”，到真实的战场上去感悟家国情怀，锤炼意志和体质，而后，带着军人的气质回到学校，继续其求学之路。他们用勇敢的选择与内心的纯粹，换来别样的精彩青春。学校坚持立德树人的根本任务，就是要回答好“为谁培养人、如何培养人以及培养怎么样的人”这份时代问卷，通过某种方式去观察应征入伍大学生在这个阶段的成长，既是一次“读题”，也是一种“解题”。全书共采访收录了27名应征入伍大学生的军旅生活，主要以讲故事的方式，认真细致地刻画人物的内心冲突与认识变化，注重挖掘每一位主人公在亲身经历后的思想成长与情感鸣响。在书稿的编写过程中，我们综合兵种、性别、服役地区、故事主战场、专业与兵种契合度等特点，分别选择《沙场点兵》《军中绿花》《强军战歌》三首具有代表性的军营歌曲作为每个篇章的归总，对27位主人公适当做了分理。值得一提的是，为了入伍学生返校后能更好、更快地适应校园的学习生活，学校组建了国旗班、治保队、军训助理教官等团队，鼓励同学们用在部队的所学所获在新岗位上发挥作用。这方面的描述正如我们所期待的那样，进一步拉近了书中主人公与读者间的距离。

办学以来，浙江大学宁波理工学院致力于应用型、复合型、外向型人才培养，在“知行合一”教育思想指导下，探索形成“行”与“学”相结合的实践育人特色。一是理论学习感知化，深化思政理论课教学改革。积极推动思政理论课“微化”教学，通过具化思政课程、培养关键导向、同频设计思政课程的实践内容与形式，化抽象理论为具体问题，化普遍原理为地方性知识，化单一说教为现场体验，将单向灌输式教学方式转变为互动式、参与式教学，推进学生的情感认同和价值实践。二是教学实践体系化，培养高素质应用型人才。精准构建课程实践、专业实践、产业实践“三位一体”、分层递进的P3特色实践教学体系，坚持以专业能力矩阵为牵引、专业学科竞赛为平台、产业跨界实践为延伸、实践学分考核为支撑，着力培养学生的基础实践能力、综合应用能力以及创新研究能力。三是社会实践主题化，在行走中提升大学生素质。始终坚持将全员参与、全过程参与的社会实践作为加强思政教育的重要一环，紧扣“价值提升”这个出发点，将红色主题实践融入理想信念教育，责任主题教育融入岗位挂职锻炼，公益主题实践融入社会志愿服务，使命主题教育融入创新创业教育，引导大学生亲身参与社会观察与实践体验，培育正确的政治态度、理性的价值观念和平和的行为方式。

本书如愿出版，是“行”与“学”结合的实践育人新探索，是学校加强和改进新形势下思想政治工作、改革思想政治理论课教学、推动“思政课程”向“课程思政”转变的又一成果；是学校对坚持“教育为学生提升价值”理念，致力于培养高素质应用型、复合型、外向型创新创业人才之初心与使命的笃定和坚守。

最后，我要借此机会为所有应征入伍的理工学子点赞，也希望这些故事里的别样精彩能点燃读者们的青春梦想！

浙江大学宁波理工学院党委书记、研究员

费英勤

2018年6月

目 录
CONTENTS

风雨里练就了硬功
雄鹰才能搏击长空
对抗终极累
双拳直涌
精兵才能打得赢
才能称雄
战争是流血的训练
训练是不流血的战争
背负着党和人民的新使命
将士们时刻、时刻
听候、听候
沙场点兵

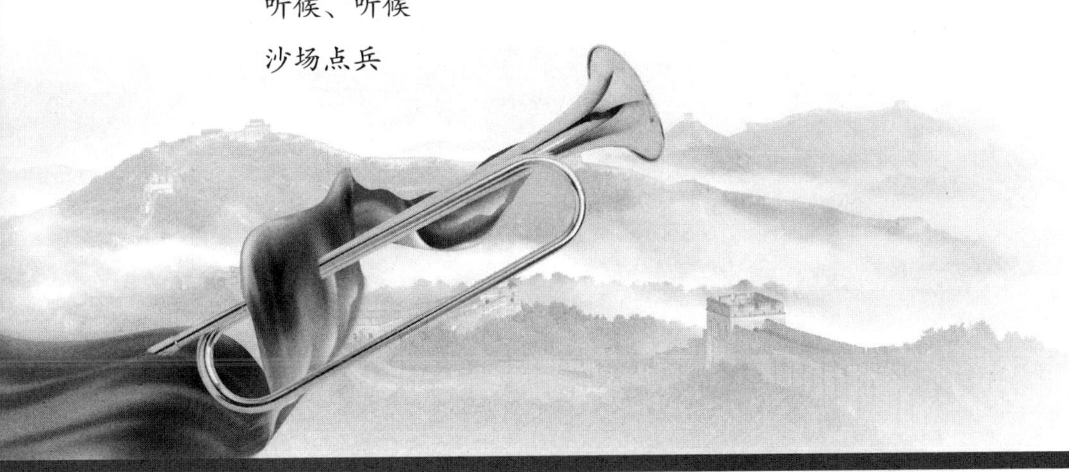

东海前哨的第一缕阳光

文：王梦婷　指导老师：刘　杰

八一南昌起义的一声枪响，无数的军人前仆后继为中国的命运抛头颅，洒热血。他们的豪迈刚毅、他们的果敢顽强，在历史的长河中越发明亮。怀揣着对军人的憧憬，无数青年满腔赤诚，在神州各地保家卫国。我们所采访的海军岸防兵姚杰，向我们讲述了他在东海前哨的点点滴滴，以此致敬那段峥嵘岁月。

——题记

人物瞄准镜

姚杰，男，1994年10月出生，籍贯安徽郎溪，2012年考入浙江大学宁波理工学院生物工程专业学习。2012年9月应征入伍，成为东部地区某部队一名炮兵，2015年9月退伍返校，继续就读生物工程专业。在部队服役期间，参加创破纪录比武考核，获得单项破纪录；大学期间，担任校学生治保部副部长，获校三等奖学金。

逼上梁山成好汉，被迫当兵做班长

时间如白驹过隙，从指缝中悄然溜走。时光荏苒，每个人都在感慨，为何时光不可追？每个人也都在叩问，那些岁月里的青涩形象将会被谁铭记？三年，它对每个人的意义都不同。三年的时光，在人的一生当中，可谓说长不长，说短不短，但在军人的铁血柔肠中，在岸防兵姚杰的记忆深处，三年的军旅生涯却已成为他生命中最深刻的印记。

2012年，仅有17岁的姚杰还未来得及踏入大学校园，就收到了入伍的通知。当得知自己要去参军而不是像一般人那样走进大学时，他的内心充满了对军旅生活的好奇，然而还有一丝畏惧，因为入伍就意味着他要开始与高中时完全不同的生活了。可是怎么没来由就被“应征入伍”了呢？

原来姚杰的亲属中也有军人，拥军爱民是姚杰家人的信念。在他大学入学前，家里人就在未征询姚杰的意见的情况下帮他报了名，而他直到要去体检才知道。入伍的消息，像是“当头一棒”，完全打乱了自己已经规划好的未来，他要到截然不同的环境里重新开始。他十分迷茫，在这个本该享受青春的年纪，却因为家里人的决定，便去接受苛刻的军事化生活。纵然军队艰苦，但他已被家人“扫地出门”，只能硬着头皮去当兵。

姚杰说，他原本对自己的要求并不高，高中期间还被别人打趣是“小胖子”。入伍当天，他依依不舍地与家人告别，坐上了开往军营的卡车。因为从小在外读书，他养成了自立、理性的性格。比起其他从小在父母身边长大的孩子，他更像个成熟坚忍的大人。因此，尽管在离别时，他舍不得离开家里的温馨，舍不得离开疼爱自己的父母亲友，舍不得即将到来的大学生活，但是他心底里倒也没有太多伤感，只是在车里想象迎接自己的将是怎样的军旅生活。

当满载着新兵的卡车缓缓地往军营深处驶入的时候，所有人的思绪都随着卡车慢悠悠的车速飘荡着。大家都好奇新兵营是什么样的，对未来的生活充满期盼。可是，当新兵们下车看到满目荒山的时候，很多人都被艰苦的环境所震惊。但内心坚忍的姚杰明白：这就是自己要走的路，无路可退，哪怕硬着头皮，也要走完。正是因为他的顽强坚忍，军营的三年成为他青春成长里最精彩的三年。

军营建在一处荒山脚下，山坡上零星地养了几只牛羊。姚杰看了看军营的大门，心中不由感慨：这就是自己军旅生活开始的地方。投身军营后，他渐渐养成了严谨、认真的习惯，无论是在进行科目训练时，还是在日常生活作息中，他都对自己严格要求，不断进取。在姚杰心中，军人的形象永远是伟岸坚强的。所以，每当他承受不了过重的训练和精神重压想要放弃的时候，一想到自己是一名军人，而且要成为一名合格的军人，他就倔强地咬咬牙坚持下来。或许就是凭着这份执着与坚持，他不仅成了一名合格的军人，还当上了副班长。

入伍后，姚杰吃苦耐劳，乐于助人，在各项军事科目训练中都表现抢眼。当时，班长非常欣赏他，总是帮助他，指导他，告诫他要诚心诚意地当好一名军人。姚杰明白，既然担任副班长，在以后的生活以及各项训练中就更要起到突出的表率作用。对于新兵班里产生的一些分歧或者问题，他都及时妥善地去化解，带领大家积极迎接每一场挑战，再苦再累都鼓励大家一起坚持下去。姚杰服役的地方远离市区。由于兵种的特殊，军队长期驻守在海防线上，在每日的军事训练中除了听到吹响的号角就只能看到长长的海岸线和一望无际的大海。尽管如此，提及生活了三年的军营，他依然满怀深情。

姚杰军营生活留影

在新兵营的头三个月，既是对新兵的考验，又是让新兵能尽快适应部队生活。新兵们每天都要按照计划开展训练，从热身到军事体能锻炼，甚至半夜也有负重跑步训练。刚开始，姚杰也难以适应，但每次他都没有退却放弃，哪怕是最后跑到腿麻头昏，只要自己没有倒下，就一定要冲向目的地。随着训练的展开，姚杰的体能得到良好的锻炼，渐渐地他觉得这些训练活动已不再是负担了，他开始主动安排自己的训练计划。慢慢地，他从一名刚毕业的高中生成长为本领过硬的军人。

当兵第二年，姚杰因为表现突出，被选派去训练新兵。在训练中，他发现有位新兵很有自己初入军营时的那种劲头，他时常鼓励他，最后他们成了很好的朋友。一次，这位新兵突然在徒步拉练中神志不清地向后倒去。当时，正在列队前领跑的姚杰听到身后沉重的倒地声便顿感不安，立马转回头观望情况。看见倒地的正是自己新结识的战友，他赶紧向前，同另外几个士兵一起背着新兵去了医务室。新兵醒后，第一时间找到姚杰道谢。他不顾姚杰的劝阻，硬是把几个苹果悄悄塞到姚杰怀中。苹果，成为姚杰与新兵开启友谊的金钥匙，也是浓浓的战友情。

纾危难无限光荣，思故乡几多孤独

当兵已经一年的姚杰和他初入军营时相比，已经从青涩幼稚的少年长大成能够独当一面的合格军人，脱去了身上的稚气，增加的是沉稳与成熟。担任副班长后，他不仅和战友相处融洽，还在日常事务中耐心教导新兵，带领大家一起执行任务。在国家繁荣稳定时，军人上战场于炮火纷飞中保家卫国

获奖时的集体照

的场景并不常见，但是在纾解国家灾害危机挽救人民于水火中，却处处都能看到人民子弟兵的影子。在当兵的第二年，姚杰就领略到了这份光荣。

那一年，在军营驻地附近突然发生安全事件。汹涌的河水如发了疯的野兽般肆虐，淹没了大片的土地，严重地影响了镇上百姓的生活。姚杰所在部队接到命令，即刻赶往事发地进行水库抢险。战士们都清楚，被上级批准参加抢险任务是全营的光荣。接到任务后，姚杰所在的队伍马上整装待发，火速奔赴受灾现场。赶到现场时已经有好几个居民站在那里，居民们看见部队卡车，赶快迎上去主动要求参与抢险支援。经受困难和危险考验的军民鱼水情，让姚杰和战友们心中充满感动与自豪。为了抵挡洪水，部队官兵与当地民众一起手牵手、肩并肩，组成人墙，用他们的血肉之躯阻隔如雷般咆哮的洪水。澎湃的浪潮像巨锤般擂到他们的肩上，冰冷地刺痛他们的肌肤。战士们早已全身浸湿，甚至眼眶、耳朵里都灌满了河水，但是没有一名战士退却，都继续抵御着汹涌的浪潮，直到洪水渐渐平息。任务结束后，浑身湿透的姚杰搭着战友的肩膀，在居民的热情与感谢声中，爽朗大笑，格外灿烂。这是他第一次无比强烈地感受到身为军人的光荣。人民子弟兵，在他心目中变得更加高大伟岸，军人就是要保家卫国，军人就是要保民爱民。

在危难面前，彰显的是军人豪迈担当的荣耀；面对故乡，却多了一份游子的孤独。男儿有泪不轻弹，军营生活就算再苦再累，咬咬牙也就过去了。但唯有那思乡的苦，却无人诉说。虽不是到离家千里之外的地方当兵，但对于家的思念仍然会在夜晚降临时，久久萦绕在他心头。在夜深人静的岗哨位上，面对着深沉的夜色，聆听着旁边轻缓的海浪声，迎着一阵又一阵寒冷的海风，姚杰总会在心中牵起一抹思念，总会想念许久不见的父母。在他军人坚毅的背后，是满腔的热血和无限的柔情。静静的夜色也掩盖不住他悠长的思绪。

壮士凯歌还，迈步从头越

天将降大任于斯人也，必先苦其心志，劳其筋骨……三年时间里，姚杰在部队里刻苦训练，团结战友，在入伍的第三年他获得了部队的嘉奖。得知嘉奖的那一刻，姚杰激动无比，在跟家人通电话报喜时，声音都止不住地颤抖。

三年时光，倏然而逝，不知不觉便到了卸下军衔退役的时候。那段时期，一向乐观积极的姚杰却陷入了离别的伤感之中，甚至比当时入伍离家时还要难过。为了逃避这种离别的情绪，他多希望自己可以酩酊大醉，忘记一切；他也会放声大哭，宣泄心中的不舍。他是真的舍不得这里，不愿与并肩作战的战友分别，不愿离开这个带给他无数回忆的营区。但无论怎样逃避，离别却是不得不面对的现实。卸下军衔的那天，战友们排起整整齐齐的长队，注视着离别的一幕幕。很多战士和姚杰一样脸上洋溢着笑意。姚杰笑着，心中满是告别这种刻苦日子的激动和洒脱。只是，转身一刻，他心底不由自主地突然涌起了一股感伤，他深深地明白：从那一刻起，自己不再属于这个地方了。在离别的那个晚上，他和战友们举杯痛饮，互相拥抱，痛哭流涕。对他们来说，三年的种种宛若昨日，无论是挥汗苦训的日常，还是抵御洪水的荣光，这些珍贵的回忆都历历在目。对姚杰来说，也正是这难忘的三年，真实地改写了他的人生。

现在，他已经离开部队，开始了新的生活。军旅生活给他带来的变化是深刻而持久的，在作息习惯上，在待人接物上，在看待事物上，这小小的变化，点点滴滴地汇聚在一起，使姚杰能更从容地面对校园生活。对于当年因当兵而中断的大学规划，他一步一步地付诸实施。在平时的日常生活中，他延续着当兵时的作息规律，当清晨的天刚蒙蒙亮，月亮还悄悄地藏着头的时候，他就爬下寝室的床，不打扰还在沉睡的室友，悄悄地独自去锻炼，在跑道上迎接初升的太阳，在清晨的太阳光下奔跑，回忆着当兵时候酸甜苦辣交织着的日子。面对紧张的学习生活，姚杰如同在军中一样，严格要求自己，对自己的学习没有丝毫松懈，因此还获得了奖学金。姚杰，正是这样的一个青年，从他的青涩开始走向他的成熟，变成一个对自己严格要求、对自己认真负责的男子汉。

军营的历练，塑造了他坚毅、果敢的性格。现在他还能忆起队伍里战友的名字，还能嘹亮地唱出每一首军歌。每当哼唱着军歌的时候，每当独自一人漫步的时候，他总是能回忆起那三年的军旅时光。如果给他一次重新选择的机会，他会主动积极地把自己的名字写在应征入伍的名单中。

笔者感悟

通过这次对姚杰的采访，我才更加深刻地认识到何谓军旅生活。姚杰在采访中曾经说过，当时在新兵营训练的时候有几个人撑不下去，偷偷逃跑，有的人甚至变得抑郁。在那之前，我真没想到新兵训练会是那么残酷，那么考验人的心理底线。所幸姚杰撑过来了，并且可以说是获得了新生。他多次提到，当兵让他整个人截然不同。但当兵也只是一个人的一段生活，离开军营后，要迎接的考验还有许多，也许若干年后姚杰会有新的成长和收获，但我相信，军营给他的记忆将永恒。

——王梦婷　法学162班

奔跑在陕北高原上

文：郑弟升 朱静怡 指导老师：朱美燕

人物瞄准镜

夏辉，男，1993年1月出生，籍贯浙江衢州，2011年考入浙江大学宁波理工学院建筑学专业学习。2014年9月应征入伍，成为西北地区某部队一名汽车兵，2016年9月退伍返校，继续就读建筑学专业。在部队服役期间，获得中国人民解放军车辆驾驶证。在大学期间，曾获得三等奖学金。

2017年6月9日下午三点半，我们提前来到约定地点——阳明学堂，为此次采访做准备工作。此次采访对象是土建学院建筑131班（原建筑112班）的夏辉同学。从夏辉的话语间，我们仿佛身临其境，体味到了参军那段虽苦却又不乏乐趣的时光。

好男儿志在军营

作为一名大四学长，回忆过去的四年时光，夏辉觉得，当兵那两年，是他记忆中最深刻的一部分。他从一名在校大学生到走入军营，前后历时两年左右的时间。记得最初踏入陕西这片土地是在2014年9月，那时这片陌生的土地给夏辉的第一印象就是“干”，但当自己终于适应那里的生活之后，离开的时间却悄然而至。2016年10月，夏辉两年的当兵之旅画上了句号。“为什么会有参军这个想法？为什么会对军营产生这样的满腔热血？”夏辉羞涩一笑，他说：“从一开始，当兵这一想法就是自己一个人的意愿。早在大一的时候我就想去参军，但是由于当时家里人反对，这件事最后不了了之。那时我家里人认为只要本本分分地念完大学，在毕业之后好好找到一份工作，就可以了。”但是，被压抑的火焰总有重燃的那天，出于那份对军营的强烈向往，在综合考虑了参军年龄限制后，为了不让自己将来后悔，夏辉还是坚持走上了参军这条路。至于参军热情的由来，他说：“其实很简单，不过是期待那些类似于电视上的打斗场面，那些特种兵酷炫的训练方式。喜欢的，就是那种感觉，那种当英雄的感觉。”

新兵连：一个成方圆的地方

当兵总是从新兵营起步的。在夏辉眼中，新兵营是一个有哭有笑的地方，有一份很真、很真的回忆。夏辉第一天到新兵营时，由于还没有开始正式训练，班长对那些刚入伍的新兵们客客气气的，看上去很好说话。但是，到了第二天，正式训练拉开了序幕，班长就好像换了一个人似的，一下子变得严肃起来。新兵营是一个确立规矩的地方，“统一”是一切行为的准则，也是新兵营带给夏辉印象最深的两个字。在新兵营期间，每天都要完成满满当当的任务，早上该干什么、下午该干什么、晚上该干什么，一切都是安排好的。除了这些日常集训外，新兵营里每个人吃饭甚至是上厕所的时间都是统一的。说起军营里严格的统一原则，夏辉也面露“无奈”，但是既然选择了这条路，他就不后悔。

部队的规矩总是比我们平日生活要严苛得多。你的行为稍有差错，就会挨罚。由于刚进部队没有多久，新兵们对部队的规矩还不是特别了解，因此，挨罚就成了家常便饭。有一次训练结束后，几个同年兵饥肠辘辘，屁股一沾凳子，不管不顾，便开始动筷吃饭。那顿饭之后回到宿舍，所有人都被罚做深蹲。起先大家都不知道为什么被罚，只知道双脚发酸、颤抖，只能在班长不注意的时候稍稍移动一下，偷偷换一下脚。之后才知道，原来吃饭也有吃饭的规矩，也有统一的指令。这就是新兵连，一个成方圆的地方。

戴眼镜的高原汽车兵

新兵连，少不了眼泪的陪伴。流泪也是值得回忆的。夏辉略显不好意思地说："我哭过两次，就两次。第一次哭，是因为训练，那次训练实在是太累太苦了，所以一扑到床上我就闷在枕头里一直哭。第二次哭是在姐姐结婚的那个晚上。那天晚上，在得到班长应允后，我拿起公用电话给姑姑打了一个电话，原本想着让他们高兴高兴，同时再给姐姐送上一个祝福。但是，一听到姑姑的声音，我的眼泪就止也止不住地掉了下来。俗话说，男儿有泪不轻弹，只是未到伤心处。家人欢欢喜喜在庆祝，自己却独自一人身在他乡吃苦受累。一种独自在外对家人的思念，一种无法言语的孤单感油然而生。只有在家人的面前，我们才会显露出自己内心最脆弱的一面；只有在家人面前，我们才会卸下伪装，不再一味地自己扛着。"军人，把铮铮铁骨献给祖国，心中也有一块柔软，它属于亲情。

汽车连：考验从未间断

度过了两个月短暂的新兵营时光，具备了当兵的基本素质之后，新兵们就要正式做出自己的选择了。因为喜欢开车，夏辉最终选择加入了汽车连。但在进入汽车连之前，新兵们还需要到司训大队接受一段时间的学习。司训大队实际意义上是一个学习单位，是战士们离开新兵连和日后下连队的一个过渡的地方。提起司训大队，夏辉印象最深的是过年。他在军队的第一个年就是在司训大队过的。提起那天的年夜饭，夏辉回忆起令自己印象最深的一道菜。那不是什么大鱼大肉，而是一碗类似皮蛋瘦肉羹的东西，吃起来给人一种很美味的感觉。吃过年夜饭后，夏辉原本以为可以休息了，但是班长却说，因为马上就要考核了，所以每个人还要完成一次测试。好在测试后没有别的任务，在班长的带领下，大家聚在一起看春节联欢晚会。新年过后，夏辉通过了考核，前往汽车连报到了。

不论身处何方，军队中的训练、考核从未间断过。即使夏辉已经跟随部队在汽车连驻扎下来，但编制还未紧跟着他转到汽车连。只有通过复训考核，他才能算是真正意义上的汽车连的一名士兵。惊险刺激的复训让夏辉学到了很多东西。

复训期间，每天早上8点钟，夏辉在科长的带领下，协同连长，十个班长，以及近二十个学员准时从营区出发，驾车穿梭在高速公路、山地和城市道路上，熟悉周边的情况，学会处理各种突发状况。回忆班长第一次带他开车的情景，夏辉表示，当时的场景真是令人后怕。那次复训，夏辉一如往常地掌控着方向盘，看见一辆摩托车从前方驶来，本能地踩下刹车让行。恰巧对面的摩托车也停了下来，见此，他便踩油门又继续前行。不料，班长直接拉手刹，对他“呵斥”道：“你干啥啊？就是这样一惊一乍的么？”当时的夏辉已经给吓蒙了，头脑一片空白，直接一脚死死地踩着刹车，班长说的什么已经听不进去了。汽车连常有长途机动驾驶训练、抗疲劳训练，军队里老兵的真本事令夏辉叹服。汽车连的训练项目包括倒车移位、公路掉头。“普通学员们一般都是三进两倒，有些技术好的班长，直接开三挡，两进一倒，便完成了，速度极快。”夏辉如是说着，眼睛闪闪发亮。一说起他们连长的开车技术，他便按捺不住心中的那份钦佩，眉飞色舞。

保持行车速度是确保机动效率的重要方面。在一次复训中，在双向两车道的路上，夏辉所在车队遇上了同向的另一支车队。前方车队有60辆康明斯大车。对于新手来说，如果康明斯大车速度快的话，方向盘比较难掌控，因此该车队车速比较慢。按照平常的训练，夏辉所在车队一般都是以每小时70公里的车速前行的，可这下全队的前进速度被压得很低。夏辉所在的车队跟了十多分钟后，连长抄起对讲机，下达机动超车命令："各班长注意啊，下面我们开始超车，一辆一辆超，班长把握着点节奏。"于是，10辆车和60辆车的超车大战就此拉开帷幕。连长带头指挥，超一辆，插一个空隙，有时遇上对面来车，场面惊心动魄。

奔跑在为人民服务的道路上

保卫国家是军人的天职。从夏辉踏入陕西这片热土的那一刻起，这两年生活的艰辛就已经注定。为了保卫疆土，守护高海拔地区的和平，对于战士们来说，高原训练是必不可少的。夏辉的第一次外训的地点是青海。前往海拔4000多米的高原进行外训，这对部队里的大多数同年兵来说，是人生的第一次，大伙都特别激动。前往青海的高速公路所经过的地方，荒无人烟。这次外训，部队连续机动三天两夜，终于在海拔3000多米的一处营房稍做停留。看到眼前的营房和平常的楼房一般无二，夏辉很高兴，他问班长："班长，就是这里吗？很不错呀，待几个月都无所谓。"可是，班长回答后他才知道，原来这座营房是让他们暂时适应一下环境的。大概一星期之后他们还要继续前行，前往目的地。海拔3000多米对已经经历了半年训练的战士没有特别大的影响，包括夏辉在内的新兵们非常兴奋，就连体能训练的时候都是蹦蹦跳跳的。

按照行程安排，部队稍做休整后就开往海拔4000多米的外训基地。相比前面的营房，这里的空气更加稀薄，高原反应也开始折磨战士们了。搭帐篷、造炉子等前期准备工作在他们到达目的地之后，便马不停蹄地开始。在艰难的环境中，夏辉和他的战友们严格按照“高要求、高标准”，把高海拔帐篷搭得非常牢固，如同平地上生成的产物一样。采访中，夏辉笑道：“我们军人除了不会生孩子，其他什么都要会。”

军人从来都是奔跑在为人民服务的道路上的。如果一个军人不再奔跑，那么他或许已经倒下，为国捐躯。在一次队伍冲山头体能训练的时候，一位战友发生了意外。在所有队员都到达终点的时候，大家都还有说有笑。就在大家起身的时候，这个战友一站起来，就一头栽倒，人就不行了。这对一群没有经历过生死战斗的新兵来说，就像一枚炮弹炸裂了山头，震耳欲聋。战友的离去在夏辉这些新兵的心中留下一道深深的痕迹。“部队在我们上高原之前会进行教育动员，这不仅旨在消除我们的恐惧心理，也是为了针对以往训练中出现过的状况采取有效的防范措施。比如我们会轮流站岗放哨，要把睡着的战友叫醒，或者推一下，确保人身安全。”谈起离去的战友，夏辉语气低沉，情绪有些低落。“当兵其实也是一件危险的事情，所以每一个人都要照顾好自己，实在承受不住就要告诉班长。”

最忆是军旅

两年多的军旅生活，使夏辉颇有感慨。他感慨新兵连好，大家事情一起干，苦一起吃。他说，他会一辈子记得新兵连，记得一帮同年兵，记得新兵连的班长。在夏辉心里，新兵连的班长还是很搞笑的。有时候班长在休息时间找夏辉唠嗑：“来来来，夏辉你过来……夏辉，你知道我为什么当初选你吗？因为我班里要挑一个戴眼镜的。”说完，班长哈哈大笑起来。回忆起这些，夏辉也不由自主地笑着，眼睛眯成一条缝。继而，他又安静下来，声音闷闷的：“我确实也给班长制造过许多麻烦。我这个人，想法比较多。队友他们都是班长怎么说怎么来，我动不动就会问他‘为什么’‘凭什么’。虽然班长看起来很严格，但实际上他对我们特别好，真有什么事都会替我们扛起来。因为他觉得你是他的兵，你糗了，他脸上也没光。”

军旅生活结束了。但是，军旅生活对夏辉的影响极为深远。参军后的他明白了很多事情不是想怎样就能怎样的，做事考虑的不只是自己，还有身边的人。他用十分生动形象的说法解释道："如果你只有一个苹果或一颗糖果，你不可以在8个人面前拿出来吃，除非你有8个苹果或8颗糖果。我现在觉得做事情要多从旁人的角度考虑。"

现在，夏辉找了一份野外素质拓展的工作，这份工作的工作服看着像军装，这让夏辉特别喜欢，他喜欢那一种感觉。他说："通过这份工作，我能把自己所学到的东西教给别人。毕竟当了两年兵，喜欢上了迷彩，有感情在里面。"

天下没有不散的筵席。这一趟两年多的艰辛跋涉，圆了自己的"从军梦"，夏辉心中有一种无法言喻的满足感。

"如果再给你一次机会，还会选择参军吗？"

"会。"

采访结束了，夏辉干净利落的回答久久地萦绕于我们耳旁！

笔者感悟

从加入这个暑期实践项目开始，我的每一天都是在期待和紧张中度过的。对于新闻专业的学生来说，这样"实战演习"的机会实在难得。采访如同故事会，讲故事的人要有素材，听故事的人要会思考，做一个会听故事的人实属不易。

采访前要认真地熟记采访提纲。在采访过程中要做到灵活贯通，要配合讲故事的人所讲的故事抛出问题。故事不在多，在于合适。如何将话题引到自己所需要的方向，才是最关键的。

军营的生活丰富多彩，受访者在回答采访问题时，在描述事件的过程中常常会偏离主题，那么我们的配合和引导极为重要。听故事重在听，适当时也可说，就着受访者讲的故事中有趣的几点稍做深入提问。在听故事的过程中，要将受访者和采访者的关系自然而然地拉近，这样才更能引出受访者内心深处的回答。

由于经验不足，在采访过程中我和搭档在问题引导方面存在一些问题。此外，采访过程的照片记录做得也不是很充分，为后期编稿带来了些许麻烦。

尽管磕磕绊绊，采访过程有许多有待提高的地方，这个采访还是圆满完成了。夏辉学长很会讲故事，也很有耐心地解答我们的提问。朱美燕老师非常耐心地为我们的采访稿把关，逐字逐句地斟酌。十分感谢夏辉学长的配合，以及朱美燕老师的稿件指导。

“如果再给你一次机会，还会选择参军吗？”

“会。”

我想这是接触新闻学以来，印象最为深刻的一次采访了。

——郑弟升　新闻161班

格尔木的南方“秀才兵”

文：王　格　指导老师：李　慧

人物瞄准镜

王震，男，1993年10月出生，籍贯浙江湖州安吉，2012年考入浙江大学宁波理工学院财务管理专业学习。2014年9月应征入伍，成为西北地区某部队一名坦克射手。2016年退伍返校，继续就读财务管理专业。在部队服役期间，参加坦克射击比武获得第三名，还曾经获得“优秀士兵”“优等士兵”及士兵嘉奖等荣誉。在大学期间，曾担任GAC人力资源部部长。

坐在回家的列车上，王震一合眼便仿佛再次看到格尔木那好像望不到尽头的雾霭云霞、青草羚羊。军营里的故事似乎并未结束，却已经真实地画上了句点。旅途中睡意昏沉间眼前浮现出两年军旅生涯的帧帧画面。看着车窗外不断掠过的景色，他想起《少年派的奇幻漂流》中的一句“人生也许就是不断地放下，然而令人痛心的是，我没能与他们好好告别”，有些后悔没有好好跟他们说声再见——首长、战友、朝夕共处的如画美景、熠熠生辉的从军年华。

但可能有些时候，没有告别就是最好的告别了吧！

巧合中的巧合

他叫王震，与战争年代的革命猛将、和平时期的建设闯将王震同名。

入伍前，他是浙江大学宁波理工学院财务管理专业大三学生，是寒窗十

格尔木高原上的王震

余年的羸弱少年。和许多大学生一样，较为松散的学习生活似乎并未实现他对未来的所有幻想，在20岁出头的年纪，做一名军人、体验军旅生活的想法就这样逐渐浮上他的心头。

那是2014年，王震在父母家人都不知情的情况下毅然选择了参军。他和朋友一同提出申请，参加体检，选择兵种及地区。最后，他的服役部队确定为五大王牌军之一——139旅。“139旅是一支红军部队，历史悠久，因在南泥湾开展大生产运动而闻名天下。它战斗作风顽强，能攻善守，实力强悍。在抗日战争时期，该旅参加了收复晋西北七城战役，灵邱、广灵阻击战，邵家庄伏击战和上、下腰涧等战役战斗，1939年9月，139旅奉命返回陕西绥德地区，担负保卫陕甘宁边区的任务。解放战争时期，139旅参加了抚顺及北满剿匪、三下江南、夏季攻势、秋季攻势等战役。辽沈战役中，139旅在新立屯以南地区截击援锦州之敌；尔后进至黑山、大虎山，阻击国民党军廖耀湘兵团，重创敌军。随后，该旅参加平津战役、宜沙战役、湘西战役等，后奉命配合二野3兵团，参加向川黔进军作战，和兄弟部队一道，解放了重庆、涪陵、广安、邻水等地。”巧合的是，这也是王震将军曾率领过的英雄部队。

看着部队介绍资料和大气恢宏的入伍宣传片，王震几乎很快对当兵有了不一样的认知，同时对这个战功显赫的王牌队伍产生了强烈的向往——是不是会有更高科技的武器、更先进的管理和更优质的生活条件呢？但网上盛传新兵辛苦异常的言论，让他心里又多了一些不安，这些情绪一直持续到他真正走进军营。

王震最初到的地方是陕西军区，作为一个标准的南方人，他开始渐渐适应北方的饮食习惯，诸如油泼辣子面、肉夹馍等陕西名吃成了家常便饭。在干燥的天气条件下，各种不适应和新奇裹挟着初入军营的紧张，陪他度过了许多个日夜。

新兵入伍，体能训练是必不可少的，其中一个很小的项目，就可以彰显两年军营生活对王震的影响与改变。初初成为一个兵，在3公里的训练中他共花费了19分钟有余。结束后他的反应像其他人一样——呼吸艰难，意识恍惚，双腿甚至是全身酸软，最严重的时候膝盖半月板出现各种异常，感官可以用“炸裂”来形容。但是两年后，3公里这样的数字已经不能在他心里激起涟漪，他只要9分钟就可以抵达终点并且没有什么难以忍受的不适。20公里的拉练也已习以为常，保持速度，保持韧度，只是每一个脚步交错的常态，他享受着这种变化。

在新兵连的训练中，王震与战友也做过背人下蹲的负重练习。这个项目给他留下的印象可以说是非常深刻。在两人合作的分组中，因为错过选择时间，彼时体重不足60公斤的他要背起一个100公斤重的战友做近百个下蹲。这

王震与战友们训练的场景

样的经历让王震久久难以忘怀，可以说是一个生命中的“不可能”。但是，服从命令的天职和身为男子汉的韧劲还是支撑着他完成每次的任务。无奈和成就感并存，与这些记忆共同勾勒成无法忘怀的回忆。

铁血男儿也有绕指柔情，部队里的故事每天都在更新，王震的身体素质、心理承受能力也在一天天增强。向家里打电话报平安时，他从未多说一句自己的辛苦，永远都是把最好、最愉快的事情说给亲人听。这时的他就像一只远行未归的候鸟，在大学生活相对安逸、缺乏锻炼的时候离开学校和家庭的温暖巢穴，只等待着两年军旅生活磨砺过后荣耀回归。所以烈日朝阳、流血流汗都只不过是砥砺攀登中的阶梯罢了。辛苦不足与别人说，更不需让家人担心。

“既然是自己选择的路，那就没有不坚持的理由了，这些都不能算作苦的啊。”他这样对自己说。

忠孝难两全

军营生活不辛苦是不可能的，有每天枯燥的训练，有令人紧张的严格军纪，但也有战友间相互关心的温暖。

从被询问到任命，王震被安排去连队做文书，一切都发生得太快。对于这样的安排他是事先有听说却没有准备，拒绝也没有实际意义。只是，他打心底里不想离开朝夕相处的战友们，还想跟他们一起训练，一起聊天聊地，一起运动、休息、互相打闹。虽然新兵连的训练辛苦，但他也从未掉过一滴眼泪，从未喊过一声苦。对于接下来可能面对的挑战，他也全然不畏惧，甚至还期待着更加困难的任务。军令如山，他打包好行李走向了一个全新的岗位。王震感觉到，做文书的日子相对来说还是清闲的，生活节奏也不快，每天的主要工作是坐在电脑前准备资料。他认真做好一个文书应该做好的每一项工作，日日夜夜脚踏实地。日复一日的文书工作，使得王震对连队战友和训练生活的想念慢慢沉淀下来，给了他更多思考进步的时间。

时光流转，就在王震的第一年军旅生活行将结束之时，一个触动他反思当兵值不值得的消息传来——太婆去世，母亲生病住院。他不敢相信自己听到的消息是真的。只是，他在军营，他是一名军人，他无法见上太婆最后一面，也不能回家照顾母亲。王震说，这或许是自己两年军营之旅最大的遗憾吧。

那段时间，王震怨过也悔过，多少个午夜梦回都希望自己可以立刻马不停蹄地赶回家。从来遵规守纪的他想尽了一切办法想要回家。他突然不明白自己这些日子的坚持到底是为了什么，终日辛苦换不回一个假期吗？痛苦和纠结让王震食不知味：自己到底为什么来这里？这一切值得吗？这是不是一个错误的决定？

都说“忠孝难两全”。冷静过后，王震选择了默默接受，默默坚持。他明白，他有自己的责任和义务，当好一个兵就是此刻最重要的、高于一切的事情，也是给家人最大的安慰。他努力使自己平静下来，在军号响起的时候一如既往地选择出发。

成长就是一夜之间的事。从最开始接到消息，到训练、吃饭、睡觉都无时无刻萦绕在脑海的回家念头，再到化悲痛为力量选择坚持，王震就是在这样一个过程中逐渐成熟起来。部队里每天播放新闻联播，定期开展爱国主义教育，这些都在潜移默化中对王震起到了作用，让他明白，自己是一名军人，而不再是父母羽翼下需要保护的孩子，他有自己的职责和荣耀。只有更加努力，才不会辜负当初自己对军营的选择，也不会辜负太婆对自己的期望和爱护。

这些情绪混杂着与日俱增的思念和日益增长的责任，一同压抑在王震心底，在此之前，他从未和别人提起过。

行军在渭河大坝

当兵第二年，王震随部队来到了甘肃，驻扎在昆仑山附近的格尔木市。4200米的海拔使战友们经历了很长一段时间的适应期，他们在平坦的位置搭了帐篷作为休息场地。一切都打理好之后，王震弯身走出帐篷，四处望着，审视、欣赏着这个景色如练的高原。眼前是一番从未见过的，似乎只存在于

摄影师作品里的景象——天似穹庐，笼盖四野，空气里有种被冰雪洗过的冷冽味道。远处山头上还覆着雪，云霞像水墨画一般自由却不显杂乱地在天空中飘浮，看起来十分安逸。他几乎被这样的景色震住了，世外桃源也不过如此吧。

一切都是新奇的，这样令人震撼的景色吸引了王震的全部注意力，仿佛这才是真正属于他的地方。告别山西的黄土平原，格尔木这样澄净的高原更加贴合他对参军的幻想。见到平时无法见到的，接触以前从不敢想的，这才是真正的军营生活吧，就这样与世隔绝，只剩无垠原野和铁骨铮铮。

王震和战友们在这里进行了三个月的十公里武装训练，也有着难以忘怀的美好时光。之后的考核，在渭河大坝上进行。作为文书，王震背着几十公斤重的办公随身设备和文件资料，在逐渐落在队伍最后的时候，他的战友会寸步不离地陪着。渭河大坝实在是太长了，长得一眼望不到终点，王震和战友用背包绳挂绑好四十公斤重的行李，两个人肩并肩，步步向前，从最后逆袭到队伍第一的位置。

在格尔木，王震第一次遭遇与战友的生离死别。那是那样的刻骨铭心。由于强烈的高原反应，一名战友在训练时永远地离开了人世。那是一种极不真实的感觉，一切好像离过去的那个自己十分遥远，王震不由得有些恍惚。

训练之余，王震和战友们一起在高原追赶牦牛、羚羊，一起好奇地研究雪山山谷里的动物骨骸，一起和云霞光影拍合照，一起看雪山高原、沙漠，甚至是强劲的暴风雪。部队演习时，30个人要合作堆10个靶子，搬运上千个沙袋，他和队友一整天不停歇，确保演习顺利开展。其中的苦与乐，至今都在他的记忆深处，让他一辈子都难以忘怀。

300多个日日夜夜里当然也有令人忍俊不禁的故事。有一天，王震训练结束，休息的时候突然觉得手上一痛，原来是被帐篷里的仓鼠咬了一口，王震顺着它追过去，竟在行李下找到了一窝仓鼠幼崽，软软糯糯凑在一起取暖。王震哭笑不得。高原条件艰苦，他都不敢保证可以照顾好自己，怎么可能留

训练后的休息时间

下这一家子小东西呢？心情复杂地把它们放到了较为安全的地方后，他在格尔木黛蓝的天空下摸着伤口，想家的情绪也顿时涌上心头。

离别祝福恍如昨日

在一个天空照常一碧如洗的日子，王震正随部队演习，结束后突然被告知“你们可以打包行李了” 。一头雾水的他就这样被推上了回家的列车，没有告别会，没有战友间的拥抱，甚至没有送军旗……和战友们在火车上互相告别祝福，带着马上归家的激动与期待，跨越了半个国家，王震终于回到了宁波。

退伍后的第一个目的地是学校，王震早已联系好到在校的同学处放置行李。穿着军装的他行走在昔日的校园里。两年的时间不仅改变了他，也让校园有了巨大的变化。他从瘦弱的“奶油小生”变成了有着古铜色皮肤的健壮男儿，而校园也更加美丽了。他走着走着却发现自己已经习惯了部队里的规矩，走路身体直挺，甚至还会配合着摆臂，遇到转弯也只会走直线。同学的眼神，让他有点尴尬，有些无所适从。不过，在他看来，这段经历无论带来了什么样的改变，都是美好的。回到校园，王震很快就投入紧张的学习生活中，微积分、各种专业课又重新占据了他的每一天。入伍种种，像昨日一梦，有些人或许再也不会见面，许多事或许都已是过眼云烟，幸好还有各种社交软件联络彼此，战友们的情谊是特别的，信任是绝对的。

如果再来一次，王震说他依旧会毫不犹豫地选择入伍，无论世事如何变迁，军营里的故事都让他难以忘怀。当听到那些还没有退伍的、曾并肩战斗过的战友已经在边境驻扎，条件更加艰苦恶劣时，他只想说一句“保重”，因为保重身体、保重自己就是对自己、家人和国家最负责的选择。

“男人当兵后悔三年，不当兵后悔一辈子。”这句话几乎是人尽皆知，如果还有学弟学妹想要去体验军营生活，那就一定要为自己的选择负责。每一个选择都会有不同的结果，而不后悔才是每个人真正应当学到与体悟到的。

笔者感悟

苍穹为盖，百炼成钢。很多人对军人的印象都是刻板的，曾经的我也是这样认为。尤其对于退伍大学生兵来说，他们在本该最放纵飞扬个性的年龄里选择了纪律严明的军营，这本身可能是一种禁锢吧？

但是对王震同学的采访使我打破了这样的想法——他们反而更加乐观，也更加充满活力。几年的军营生活带给了他们严于律己的生活态度，也提升了他们对自身的信心。采访时在我面前讲起曾经的趣事而眉飞色舞的王震，没有被当兵时恶劣的高原气候打倒，也没有被思念亲人的孤独打败，站在我们面前的是一个更好的他。

阅历总是精彩的啊。

——王　格　新闻151班

战斗吧！特种兵

文：张钰庶 江京倪　指导老师：朱美燕

人物瞄准镜

邵伟，男，1993年10月出生，籍贯浙江杭州，2012年考入浙江大学宁波理工学院电气工程及其自动化专业学习。2012年12月应征入伍，成为一名武警战士。2014年11月退伍返校，继续就读自动化专业。在部队服役期间，曾获“优秀士兵”称号。在大学期间，曾任学校治保部部长，获二等奖学金等。

六月的浙江大学宁波理工学院，矗立在校园内的大型KT板吸引了来来往往众多同学的目光。画面中的人身着橄榄绿军装，黝黑的皮肤，行着标准的军礼，眉眼中尽显军人的热血与激情。醒目的宣传标语向人们透露，又到一年征兵季。不时有同学在KT板前驻足，与同伴讨论着自己的身体素质是否达标，考量着是否要去报名，去部队磨炼自己，认真的模样像极了五年前思忖相同问题的邵伟。

热血青年投身军营

紧张的高考结束，紧绷的弦终于得到了释放。进入大学后，奔波于日常上课学习与部门学生工作之间，偶尔的闲暇却让邵伟不知所措。儿时幻想过的军队生活、《亮剑》中的男神李云龙时不时地在他脑海中浮现。当在校园里看到征兵广告时，儿时的参军梦一下子变得清晰可见，他知道自己想要的是什么。于是，他做出了携笔从戎的决定，接着，报名，体检，通过考核。

可没想到，自己的决定却遭到了父母的反对。奶奶苦口婆心地劝他："现在你感受不到。当你拿着包坐上车，车外亲人向你挥手告别时，有你哭的。"但他还是倔强地坚持了自己的选择。与家人离别，虽然心中有万分不舍，但邵伟仍坐上了离家的车。送别那天，看着窗外哭泣的家人，他暗下决心：不能去部队混日子，到那儿要好好干！

苦乐参半的新兵连生活

新兵连三个月，是每个军人入伍的第一步。累人的队列训练在部队中成了最轻松的项目。除了基本的体能训练外，日常训练还包括擒敌、射击、警棍盾牌术、格斗等。从强调个性、丰富多彩的大学进入讲求纪律、单调紧张的军营，现实落差之大、训练内容强度之高，时刻磨砺着这群"初生牛犊"。队列站到迈不开步，体能练到站不住，战术演练全身是伤，成了邵伟此时的常态。此外，严苛的部队纪律也在精神层面上磨炼着新兵们。

邵伟记忆最深的是，由于被子折叠得没有达到部队标准，他的被子被班长扔进了厕所。叠被子容易，但要把被子叠成有棱有角的"豆腐块"却难倒了刚离校园、初入军营的邵伟。"有一瞬间想到过要放弃。"邵伟坦言道。一人一床被子的现实让邵伟只得先捡回被子，洗刷干净，继续使用。午休时，邵伟害怕把被子弄乱弄坏，于是选择直接躺在地上和衣而睡。认真吸取教训后，邵伟心里暗暗发誓要把被子叠好。此后，他的被子再也没被扔过。此外，部队中的"连带处罚制度"也令邵伟记忆犹新。"一个人做不好，所有人一起被罚"。回忆里，当时班上一位与自己同年参军入伍的队友因为和班长吵架顶嘴，所有的同年兵被罚在操场跑了50圈。

高强度的训练以及从中所受的委屈使得与家人电话交流成了邵伟的精神慰藉与寄托。每周日，每人排队使用公用电话与家人通话。在通话过程中，常常出现这样一幕，一个在平日里忍受住了艰苦训练的男子汉，突然情绪失控哭出声来。邵伟也不例外。听着话筒那边亲人的关心与叮嘱，铮铮铁骨显出柔情。

为了不让家人担心，邵伟努力平复心情，宽慰家人自己一切都好。对家里“报喜不报忧”成了部队战友们的不成文约定。排队等用电话，也极大地限制了通话时长，让人陷入两难境地，一边是留恋家人熟悉的声音，一边是不好意思看到身后队友的焦急等待，往往是报了平安，随便聊聊便挂断了电话。

都说“当兵后悔三个月，不当兵后悔一辈子”。他人眼中辛苦煎熬的新兵三个月，在邵伟看来，有苦也有乐，只有全身心投入，才能体会其中的甘苦。这也为他通过考核成功入选特战中队奠定了良好基础。

难忘在特战中队的日子

特战，是战士们对特种作战的简称，主要是指国家在平时和战时，为了达成特定的战略或战役目的，领导和指挥主要由特殊编组、训练及装备的特种部队或根据任务的需要临时编组的精锐部队，以特殊的方式和手段实施的作战行动。特种作战的行动具有目的特殊、计划周密、方式独特、手段多样、隐蔽突然、速战速决等特点。比如，一旦驻地周边出现暴力恐怖事件，或突发自然灾害，特战部队一般会作为第一梯队先行执行任务。新兵连的三个月，每隔一段时间会进行以体能、队列、擒敌等日常训练内容的考核，从中挑选排名靠前的士兵进入特战中队。这要求新兵全面熟练掌握各项军事知识和技能，不允许有薄弱项目拉低自身的整体名次。百余新兵，20个名额，竞争激烈残酷，邵伟凭借扎实的训练功底，名列前茅，成功跻身特战中队之列。激动之余，他异常清楚，前方还有更大的挑战在等待着自己。

到了特战，训练强度不断提高，用邵伟的话说就是“我们特战，训练要老命”。清晨五点起床第一项就是10公里的跑步训练。即便是在体力透支的情况下，“爬也要爬回去”。偶尔出现完成不了或完成质量不高的情况，必须硬着头皮再来一次。“不行就得多练。”对凡事竭尽全力的邵伟，在高强度特战训练中决不放松对自己的要求。随着训练难度、强度的持续提高，他承受的苦痛越来越重。第一次背上15公斤的背囊跑10公里，邵伟完成起来困难重重。体力不支跑不动的，指挥员在身后大声呵斥。邵伟心里动摇了，开始怀疑自己的能力。但在信念的支撑下，他咬牙坚持了下来。由于密集的外出集训，原本固定时间给家人打的电话总要迟上几个月。在此期间，坚持的信念与战友间的互相鼓励成了支撑邵伟继续向前的力量。

“不拿第一决不放弃”是连队的优良传统。“在外不管干什么，我们一定要拿第一！不拿第一不回来！”“我们是特战中队的兵，没有孬种。”邵伟态度坚定。带着这份全力以赴的决心，邵伟所在的中队捧回许多大大小小奖项，摆满了荣誉室，如抗冰抢险行动集体三等功、特勤比武大赛冠军……“来之能战，战之必胜”成为中队队员矢志不渝的信念。这一信念将中队队员们拧成一股绳，使队员们在各类突发事件面前临危不惧，迎难而上。

但2013年集训考核冲冠失利成了邵伟与战友心中的一大遗憾。根据部队训练安排，每年都会举行为期三个月的外出集训。三个月后围绕打靶、器械、单杠等训练内容展开的考核成为最大亮点。考核时各中队聚集一堂，相互较量。这不仅是一次训练成果展示，更是各队争夺荣誉的比赛现场。各个项目，队员依次上场。邵伟所在的中队从来都是赛场上的常胜将军，这次却在打靶项目上遭遇滑铁卢。由于战友疏忽，十发子弹中有一发射偏，飞离了靶子。这最终导致中队打靶成绩落后，总成绩受影响，屈居第二。本该因结束集训而高兴的邵伟与战友们却因此心情低落。回部队当天，没人出来迎接。放下行李，换好衣服，邵伟和战友们自发前往后操场，绕着十字跑道用低姿匍匐爬了两圈。严格要求自己的邵伟和战友们针对此次失利，认真反省，吸取教训，总结经验，换回了日后的成功。

2013年8月13日晚，驻地附近狮子山突发山林大火。已经持续一个半月的晴热高温天气令当地的山林异常干燥，处于森林火险红色预警状态，火势蔓延迅速且反复肆虐。邵伟所在部队在接到灭火命令后，于晚间3点出发前往受灾地点。经过长时间的扑救，狮子山火虽灭而烟不熄。火灾现场，风助火势，刚被扑灭的山火几次卷土重来。邵伟等作为现场救援人员一点都不敢松懈。最后，在与市气象局人工增雨作业小组的共同努力下，他们彻底扑灭了大火。收队复命已是第二天下午，高温下的连续作业使得邵伟和队友们久汗不干。闷热的夏季，汗渍粘着皮肤与衣物，十分难受。因救援工作顾不上吃饭，现场分发的巧克力在连绵的山火和持续高温中熔化了。邵伟与队友们既疲惫又饥饿，但心中却充满了成功的喜悦。

与“兄弟”并肩战斗

邵伟所处中队又被称为机动中队，相较于其他中队，拥有更多持枪的机会。回忆起第一次持枪，是在新兵连的一次打靶上，那是他第一次接触03式自动步枪。电视剧中战士持枪击退敌人的热血场景在脑海中不断浮现，拿着沉甸甸的枪，邵伟激动兴奋之情溢于言表。“扣动扳机后，子弹在枪里击发，弹头射出，以旋转形式击中目标，被打到的地方呈一定程度的炸开状。”邵伟回忆介绍着。

进入中队后，枪械使用训练日常化，以端枪瞄靶、移动后射击、手枪快速射击为主要训练内容。邵伟在日常练习中慢慢摸清了各式枪支的构造、特点。“95式自动步枪保险在枪托位置，95-1式在握把上方。”“一般的枪，拉枪击，开保险，扣动扳机，完成击发。”……邵伟俨然成了枪械专家，而这一切源自他的经验总结和熟能生巧。中队为了训练队员端枪的稳定性，会在枪管前吊砖块，在枪上垒子弹壳。队员们需要端着重达4～5公斤的枪进行长时间的平稳训练，常常是手腕酸疼，身姿僵硬。但邵伟对此习以为常。

掌握了枪械使用要领后，便要进入综合实战演习阶段。区别于电视中常见的分队进行射击比赛，中队的演习常伴随着突然下达的指令。常常是队长突然接到一个电话，对方声称有犯人逃脱，请求支援。中队紧急集合，全副武装前往电话指示地点。所谓综合实战演习，不仅需要单项技能，还需要包括对前期战局的全面考量以及战术的整体规划，行动中对擒敌、射击等项目的熟练掌握，收队后对后续工作整理的综合运用，更为关键的是队友间的默契配合。邵伟与队员们小心翼翼地解救人质，搜捕犯人，当圆满完成任务时，他们心中满是成就感。

中队在枪支管理上采用了定枪分配制度，每人都有自己固定的枪支搭档。除了日常使用完毕后的擦拭，每周六上午还会安排擦枪。枪支擦拭不干净或没有放入固定位置等都是要受处罚的。电视节目中因丢枪惨遭部队开除的事例在现实军营中也是真实存在的。邵伟说："枪就像是自己的宝贝一样，哪怕是自己摔了，枪是绝对不能摔的！"

人们常说，只有枪才最懂军人的感情。两年的陪伴，邵伟早已与自己的"兄弟""搭档"建立起了深厚的感情。退伍仪式上，邵伟持枪拍照留念，迟迟不愿放下，既想着有机会再同"兄弟"一起战斗，又希望枪的下一任搭档能够好好地使用、珍惜它。

青春在蜕变中成长

2014年11月25日，邵伟带着满满的回忆，牢记中队"忠诚，坚毅，精武，制胜"的口号从部队光荣退伍。对他来说，参军入伍不仅是一次对自身身体素质的磨炼，更是一堂无法从书本中学习掌握的生动实践课。从不会在单双杠上做动作的校园毛头小子，到在练习中热情高涨的热血青年；从22分钟完成五公里徒手跑的新兵蛋子，到全副武装后仅需18分钟就能跑完全程的优秀士兵；从知难而退到迎难而上……练就一身本领的邵伟更懂得要用积极的态度面对学习、生活中的各类问题。

军事素质过硬的他在返校的第一年便被推荐为2015级新生军训阅兵仪式护旗手，第二年被选为主旗手。他接到通知时既激动又紧张。激动的是自己在部队的努力被学校老师认可，紧张的是担心自己退伍后因缺乏系统训练而在军训教官、师生面前出糗。于是，新生军训期间，他与另两名同学一起加入训练，站军姿、齐步走、正步走……在每个动作上力求完美。

阅兵式那天，身着军装、迈着整齐步伐穿过操场的三名旗手成了全场瞩目的一道风景线。前方就是主席台，后面是由数千名新生组成的各受阅方

队。在大家的注视下，邵伟脚步稳健，动作连冠，一气呵成。“完成度很高。”来自承训部队首长的肯定让邵伟感到满足与自豪。

大学是所“整容院”，同学们在这里褪去青涩，明确目标，变得成熟；部队是另一所“整容院”，新兵们在那里蜕掉莽撞，锻炼技能，变得沉稳。经历了两次蜕变“整容”，邵伟愈发自信，处理问题从容不迫。“难忘”“热血”是他两年军旅生涯的关键词。对他而言，这不仅是一次儿时梦想成真的体验，更是一次把握青春、突破自我的热血成长。

笔者感悟

在特战中队服役是邵伟最为自豪的一段经历。无论是与战友忍着饥饿与疲惫奋战山火，还是作为特战一员以“不拿第一决不放弃”严格要求自己，都充分体现了邵伟对自己军旅生涯的评价：难忘、热血。

本次采访之后，过去我脑海中“参军入伍离我们很远”的想法发生了翻天覆地的变化。采访过程中听着邵伟回忆部队生活，尘土飞扬的训练场仿佛就在眼前。部队是个“整容院”，许多人选择入伍磨砺自己。少年们逐渐褪去青涩，掌握一身本领，牢记军人精神，归来脸上满是刚毅。

这不仅仅是一次任务采访，更是邵伟对军队生活的回望，他在军队中获得了成长，也留有遗憾。这也是我对“参军入伍”刻板印象的一次转变。

——张钰庶　新闻151班

西部雪域磨利刃　青春邀约装甲兵

文：徐昕瑶　楼江峰　指导老师：朱美燕

人物瞄准镜

刘炜，男，1993年12月出生，籍贯福建龙岩，2013年考入浙江大学宁波理工学院土木建筑学院学习。2014年9月应征入伍，成为西北地区某部队一名装甲步兵。2016年9月退伍返校，继续就读道路桥梁与渡河工程专业。在部队服役期间，两次获得“优秀士兵”称号，并在服役期间加入了中国共产党。

2014年9月，新学期的帷幕在许多年轻学子的恋恋不舍中拉开了。大学校园里生机勃勃，暑气未消，树影婆娑，蝉鸣不歇，人来人往，欢声笑语，地面上留有行李箱拖曳过的痕迹。你看了几部电影，我输了几场球赛……在这些欢快的嘈杂声中，土建学院道路桥梁与渡河专业的刘炜同学却在静静地收拾着行李，因为他要暂时离开这片往日曾与自己有关的喧闹，去赴一个为期两年的青春约定。

沙场梦：我与青春有个约会

刘炜从小就有一个参军梦。哪个男孩子不曾梦想过自己穿着笔挺的军装，别着星星肩章，扛着黝黑枪管，在战场上冲锋陷阵，或是在雪原上站立如一座光辉闪耀的雕像，在洪流中用肩膀托起希望？有些人的梦想被时间冲淡，渐渐失去了那一抹绿的颜色，被其他种种更斑斓的色彩所取代。而刘炜的参军梦却在时间的冲刷沉淀中越来越清晰闪亮。他对自己说：“去当兵吧！做一名顶天立地的军人，做自己童年时最尊敬的人。”

因此，在收到入伍通知的时候，他是如此兴奋与激动。他似乎看见未来一身橄榄绿的自己，身上闪烁着五角星金黄的光芒，自己的梦想马上就要实现了。可是，家人却并不支持他的选择，也无法理解入伍的消息带给他的如此强烈的喜悦。他们实在想不通：“为何放着好好的大学不念而非要跑去参军？”在他们的印象中，当兵是很苦的，当兵注定要比旁人多忍受几倍的苦累。家人怎么舍得放他去受苦受累呢？

虽然起初家人并不支持，但刘炜已暗下决心，要用实际行动向他们证明自己的选择是有意义的。参军，这是他一直以来的梦想。军营生活是在他的梦里曾无数次铺陈开的那幅色彩斑斓的画卷，那里不只有色调单一的绿色或沙土的枯黄，那里有挥洒汗水激情时的金色，有浓浓战友情的火红，还有一颗颗蓬勃跳动的红心……何况，绿色也并不单一，绿可浓烈，绿可深沉，绿是青春的色彩。

他背起行囊，笑对青春。

新兵连：一个蜕变为真正军人的地方

华山巍峨耸立，庄严肃穆，像极了一名军人。下了长途火车，来到华山脚下的军营时，刘炜的第一眼印象，是震撼，强烈的震撼。山一样的军人，铁骨铮铮，站姿巍然如松，朴实得像山上的岩石，又有钢铁的色泽，在阳光下熠熠生辉。刘炜被深深地触动了，这就是军营，是那个从遥远的岁月一直延续至今的他梦中的军营。军营里干净整洁，连空气都如此安静沉稳。他听见一种怦怦的声音，刘炜说不出是什么声音，那么响亮，在他胸内有力地跳动着。他就像初生的羔羊，欣喜激动地打量着这绿色的一切，这梦中的一切。当班长点到他名字时，他响亮地回答：“到！”

放下行李，去洗澡睡觉。明天等待着新兵的，可不是什么青山绿水的旅行，也不是什么闲适的参观介绍。明天，军营会给他们一个下马威，要把懦夫和胆小鬼赶回家去。军营要的只有那不怕苦不怕累、钢铁般的军人。

新兵营里的训练主要有十大科目，包括背记条例条令、队列、战术、投掷手榴弹、射击、卫生与救护、战场防护、行军、体能、心理健康。在新兵营里，新兵们每天早上5：40起床；5：50至7：00出早操，做体能训练；7：00至7：20整理内务，洗漱；7：20至7：40集合唱军歌，开饭，其中包括集合带队、唱军歌、洗餐具以及领器材，一般用在吃饭上的时间不超过5分钟；7：45集合到训练场，主要训练战术、手榴弹、射击、卫生与救护、防护；11：50结束训练，带回；午休时多数还要压被子、打扫内务；下午2：00出操继续训练；4：50带回，之后便是一个半小时魔鬼般的体能训练；晚上7：00准时收看新闻联播；7：30至9：30是理论背记时间；10：00准时熄灯睡觉。但每晚睡觉前，每个士兵都要在班长的监督下做完3个100（100个俯卧撑、100个深蹲、100个仰卧起坐）和500次握力训练，才算结束一天的训练。

新兵营里的训练单调而有序，日复一日。训练很苦，但很充实。沾满尘土的脸颊上汗水流淌出曲折的痕迹，咬牙时额头留下深深的纹路，磨破的手心里殷红的血珠模糊斑驳，皮肤上有烈日投射下灼伤的烙印。这些是军营给刘炜的洗礼，一场冷酷无情的洗礼，只有过了这一关，才是一个真正的军人。人们都说："不当兵后悔一辈子，当兵后悔三个月。"但怎么会后悔

与战友在一起

呢？刘炜不后悔，也不可能后悔。

你会抱怨将糙钢打磨成利刃的工匠吗？不会，因为谁都知道宝剑锋从磨砺出。你会抱怨那些飞溅的炙热火星吗？也不会。予石薄红，予铁以星，若你想成长为一名钢铁般的军人，怎能不经过一场毫不留情的疼痛洗礼。班长曾对刘炜他们说："自己选择的路，跪着也要走下去！"刘炜知道，再疼再苦也不能叫出声，更不能让那无助懦弱的泪水流过脸颊。为了能让自己更好地适应这段艰苦的训练生活，刘炜唯有更积极，更拼搏。如果双腿已无力支撑，那么跪着也要走完这条注定坎坷却意义非凡的军旅之路。

三个月的新兵连生活，在刘炜的记忆里留下浓墨重彩的一笔。

由于在新兵营里表现优异，他获得了"优秀新兵"的称号，并成为一名预备党员。他深知，只有更加严格地要求自己，才能不辜负军人的光辉，不辜负党员的责任。

刘炜第一次被批准给家里打电话的时候，他拿着电话的手都有些颤抖，喜悦、兴奋、思念、不安……种种情绪争先恐后，从胸口一路涌至喉头。那顺着长长的电话线传来的遥远家乡的熟悉声音，来自最心爱的人的声音，好似天籁一般。他只是听着，傻傻地笑着，舍不得放下电话。那天晚上，刘炜哭了，他把自己藏在被子里，泪水决堤而下。想家吗？想。后悔吗？不后悔。

他知道打电话时很多人都哭了，大家抬起头来，眼睛里都多了一点晶莹的东西。但没有人会后悔，他们都是军人，军人就该服从命令，军人就该顶天立地，军人比谁都坚强。

成长在西部雪域高原上

结束了在新兵营的生活，刘炜作为一名装甲步兵，被分到了西部战区。在这里，他要度过接下来一年的军营生活。

刘炜被分配到了一支参加过抗美援朝和对越反击战的功勋连队。那些英雄人物的光辉业绩和厚重的历史痕迹，都在刘炜心中留下了一种莫大的自豪感，他为这支连队自豪，为前辈自豪。刘炜把腰杆挺得笔直，告诉自己要学习连队传承下来的不怕苦、不怕累、不怕死这“三不怕”精神。

谈到当时的心情，刘炜笑着说：“我们刚到连队的时候，正好要过年了，这不是对连队怎么过年都很感兴趣吗？结果没想到，那一天响了八次紧急集合哨。”他记得那天有雪花纷纷飘落下来，落在每一个人的头上、脸颊上，化成雪水洇湿了衣领。雪花轻而沉重，落在他的双肩。他知道那是保家卫国的责任，舍小家为大家，军人的职责在他的双肩坚实地担着。他看见远方天空炸开了一朵朵五彩缤纷的烟花，鞭炮噼里啪啦地响起来，一地的红红火火，衬托出节日热烈的气氛。刘炜向前看，竭力让目光穿透时空，看见红艳艳的窗花对联、喜庆的福字，看见觥筹交错的饭桌上家人喜悦的脸，看见他们自豪又骄傲地谈起他，谈起他这个正在保家卫国的军人。

他突然强烈地思念家人，思念一直在背后默默支持他的亲人。每当站岗的时候，四望无人，天地寂静，他是大地上一尊沉静笔直的雕像。一种名为“思念”的情绪在胸口如飞鸟一样回荡振翅，刘炜默默地把心口的酸楚咽下去，站得更加挺拔，像一棵巍巍白杨。他在保卫国家，保卫那千千万万个幸

雪山上的哨兵

福的家庭。如果没法和家人团聚，那就让他们为自己骄傲，为军人骄傲。

在辽阔的雪山上站哨，天地旷远，目之所及只是一片一望无际的雪色，风声在空旷的天地间反复回荡，散落在空气里。这个时候，你会觉得自己犹如夜空里的一颗星星，渺小地镶嵌在巨大无垠的天际里。面对这样的寂静，刘炜很想喊上两声，让自己伏在大地上。流星！远远的天空里滑落了一颗闪着长尾巴的星星。他瞪大眼睛，把那颗璀璨光亮的流星狠狠地烙在自己的视网膜上。这种经历，永生难忘。

刘炜说军营生活并不单调枯燥，他们有篮球场、足球场、健身馆，还会组织一起看电影。平时，和来自五湖四海的战友们一起切磋交流，嬉笑怒骂，感觉不到孤单。刘炜说起自己军旅生涯中最难忘的一位战友，是来自东北的同年兵。他比刘炜小两岁，是很实诚踏实的一个人，刘炜亲切地称呼他为“弟弟”。他笑着说起，训练后战友主动来帮忙按摩捏脚的趣事，那种滋味，甜啊，甜得沁人心脾。是啊，是军营让他们“有缘千里来相会”，浓浓的战友情，让彼此就像亲兄弟一样，即使以后分开，也有一条纽带，把大家连在一起。

他喜欢和大家一起唱《说打就打》：“说打就打，说干就干，练一练大盖枪，刺刀手榴弹……”刘炜现在都能准确地唱出它的旋律。铿锵有力的节奏里有人民解放军武装自卫、坚决粉碎一切反动派的决心和勇气，有战士们豪迈的气魄，有战无不胜、攻无不克的胜利信念，有军人的阳刚之气。每次结束爱国主义教育，刘炜就在心里默默地哼唱这首歌，觉得热血沸腾。皑皑白雪，难凉红心。

刘炜认为军人的职责就是保家卫国，舍小家保大家。为了这样的职责，军人可以忍受一切而不叫一声苦。他深知和平来之不易，每当举国欢庆、国乐民悦的时候，军人更要守好自己的岗位，用自己的双肩去托起这一片和平盛世。

他最欣赏连长，连长就是他心目中铁骨铮铮的军人。不仅如此，连长还很懂得体恤战士们，对每一个战士都很亲切。连长富有激情，能带领大家更加团结，更有上进心。刘炜告诉自己要向连长学习，做一个顶天立地的大写的人。刘炜不断地学习，不断地磨炼自己，也不断地成长。他变得更成熟，更坚强，心胸更开阔。

坚持梦想，让青春出彩

两年的时间如白驹过隙，一转眼，到了要告别的时候了。当刘炜卸下自己的肩章时，他意识到自己是真的要离开了。两年前的心情再次重演，兴奋、不舍……种种情感交织在一起，五味杂陈。不舍，不舍战友情，不舍军营，不舍这里的一切。两年的军旅生活教会他太多太多，从稚嫩到成熟，他已脱胎换骨，羽翼丰满，足以搏击风浪，翱翔于蓝空。

酸甜苦辣的军旅生活，酸是对家人的思念，苦是训练的艰辛，甜是战友的情谊……多种滋味调和在一起，只有甘甜越发突出，在舌尖，在心口，不停地流淌，暖意融融。这短短两年的军旅生活，受用终生。军旅生涯是一笔巨大的人生财富，它给予的是不怕苦不怕累的精神，是坚定的意志，是军人的责任，是做人的道理。

如今，刘炜已回到了大学校园。他坦言，回到大学后最重要的就是抓好学习。他说，完成学业是当前最大的任务。他要把完成学业看成是自己当兵时双肩的职责，像在新兵营中努力拼搏、磨炼自己那样，像在雪山上一个人独守寂寞站哨时那样。他会竭尽全力，好好地静下心来完成学业。他有这个信心！

作为一个过来人，刘炜想对刚踏入军营的新兵们说：“多吃馒头多干事，少说话。”这也是他班长说给他的一句话。刘炜想对其他想参军的同学说：“不要有高人一等的想法，在部队里大家都是一样的，都是来保家卫国的。”刘炜想对退伍的战友说：“好兄弟，一辈子，大家永远一条心。”刘炜想对自己说：“谢谢你，坚持了梦想。”

做出参军这个选择，刘炜无怨无悔。因为参军是自己从小的梦想，不能坚持梦想的人和懦夫又有什么区别呢？刘炜用选择与行动证明了自己是顶天立地的大写的人，他的双肩承担过与荣耀同辉的责任，他的人生注定不普通。

刘炜说青春是热血，是历练。青春不应该是碌碌无为，青春不应该是消磨时光，应让平淡的青春有出彩的机会。他感谢自己选择了去那幅色彩斑斓的画卷中绘下自己的身影——一个身着绿色军装、笔挺得像一尊雕像、肩头闪烁着五角星的光辉的身影。虽然两年的军旅生涯短暂得像一颗流星稍纵即逝，但也足够璀璨热烈，照亮了自己的青春。那颗流星，是夜空中浓墨重彩的一笔。

“假如让你再选择一次，你还会参军吗？”

“会。”刘炜斩钉截铁地回答，像两年前一样，毫不犹豫，义无反顾。

笔者感悟

在这次采访之前，我对于“军人”其实是知之甚少的，一直觉得军人离我们日常生活很遥远。在完成采访后，为了更贴近地去写作，自己又上网查询了一些有关军人、有关部队的知识，这才真正认识到这个名称的厚重和背后的不容易。

当代大学生和军人，好像很难联系在一起，但受访者向我们证明了他不仅是一名大学生，同样也是一名铁骨铮铮的军人。在部队中学会的道理，会让人一生受益。

在写作方面，指导老师给了我很多意见，让我认识到了自己的不足，并逐步改善自己的文字。希望修改后的文章可以变得更有感染力。

——徐昕瑶　营销152班

血泪铸成的省军区比武季军

文：叶孟涵 王 菲 指导老师：金慧燕

人物瞄准镜

林洋，男，1993年9月出生，籍贯浙江仙居，2011年考入浙江大学宁波理工学院金融学专业学习。2011年12月应征入伍，成为一名炮兵。2013年12月退伍返校，继续就读金融学专业，毕业后考入上海财经大学读研。在部队服役期间，获得“优秀士兵”称号及士兵嘉奖等荣誉，并且加入了中国共产党。在大学期间，获二等奖学金、三好学生、优秀干部等荣誉。

那是一个阳光熹微又拂着和煦微风的下午，我们在阳明学堂初次见到林洋学长，小麦色的肤色衬着黑白条纹的短袖T恤，干练的寸头，并没有想象中军人自带的严肃感，反倒觉得很亲近。稍做交流之后，我们便开始了采访，也正是这几番简单的交谈，让我们感受到林洋学长吐字时的铿锵有力以及凝视时的坚定不移，军人的气质不流于形也会隐于内在。即便离开部队已两年有余，这种气质仍会伴其左右并使其受益一生。

事了拂衣去，深藏功与名

铁血男儿有铮铮铁骨，热血男儿满腔热情穿戎装。

2011年钓鱼岛事件开始白热化，爱国主义情愫在人们心中蔓延。也正是这一年的12月，林洋学长积极响应国家的号召，满怀着一腔报国的热血，应征入伍。他说他当时一心想着冲锋陷阵的潇洒与帅气，以及为捍卫祖国领土主权的自豪与光荣，以至于在与家人分离时都没有过多的悲伤，更多的是内心的澎湃和憧憬。林洋学长表示他的家长很支持他去参军，一来是能够锻炼自己的身体、磨炼自己的意志，二来便是能实现他自己报效祖国的远大理想。参军报国是他的一个小目标，更是他人生规划的一部分，同时他也希望自己能在部队里实现理想，为祖国洒下自己青春的血汗。

谁家少年不曾憧憬执枪从戎、军旅荣耀？穿上这套绿军装，便是新的起点。他从小就能背诵唐代诗人王昌龄的边塞诗《从军记》：“大漠风尘日色昏，红旗半卷出辕门。前军夜战洮河北，已报生擒吐谷浑。”这首边塞诗气势雄浑，基调高昂，充满了积极向上的精神。从小就受到保家卫国爱国教育的他，终于在经历了3个月左右的大一生活之后，进入了部队。可是，到了部队后，他却发现部队的生活与他想象中的竟有着大壤之别。他想象中的部队生活就如同谍战片里的场景，激昂奋战的场面是部队训练的主旋律，而刚刚进入军队时的新兵生活却并非如此。无休止地站军姿、搞队列、熟悉装备的操作、打扫卫生，这些看似简单的重复操作是为了让新兵尽快地适应部队的生活。严格的训练让人疲乏，但直到后来他才知道，新兵连3个月的训练，相较于后来的日子，还是比较轻松的。这只是一个开始，真正锻炼人的训练正

林洋在练习瞄准

在炎炎烈日和凛冽寒风中等待着他们。

从暮鼓到晨钟，从春夏到秋冬，他们走过漫漫的军旅长路。林洋学长第一年去了弹药库，同行之人大多是两年兵和老班长，因此站岗和其他的杂物琐事都是他与另外一个同年兵一起完成的。轮流接替深夜站岗，一起分担任务，在无数个想家的夜里，他们互诉衷肠，互相陪伴，互相安慰，互相鼓励。两年，不长不短，好像昨日才刚刚见面，今日就要挥手告别，在这两年里他们培养了深厚的感情，这种感情不能被简单地归为友情，它超出了友情的界限和范畴，这是深厚的战友情啊！他调侃道："什么事都是让我们两个人一起做，我们相互帮衬着，算得上是相依为命了吧。"这一生难得一知己，而这种随时都可能一起上战场浴血奋战的革命友谊称得上是生死之交了，不是所有人都能收获这份宝贵的情意的。这份情意是深入心髓、融入血脉般的刻骨铭心。

参军第二年林洋学长去了广州汕头参加特种兵集训，并且担任狙击手的副射手。他打趣道："在军队学习的热成像原理，平时在家也可作为打猎的一种技巧。"每一种经历都是一种学习，这也算是一种收获，这种获得让人产生满足感和幸福感，那便是一种有意义的获得。特训，作为提高部队战斗力的基本途径，必须适应信息化条件下战斗力要素内涵和生成模式的发展变化，把分散的部队训练中有效管用的训练内容系统化、科学化、规范化。烈日炎炎的六七月份，他们一行人被放在一个荒凉的小岛上，只留下不多的补给，差不多可以称得上是荒野求生了。沿海的小岛并没有淡水供给，喝水都成问题，洗澡条件自然也可想而知。艰苦的生活条件在林洋学长看来是一种锻炼，这种经历是常人不愿经历也不会经历的，但却成了他人生中为数不多的宝贵经历。

铁骨终得功与名。在一次省军区比武中。林洋学长凭借实力，最终获得第三名。林洋学长娓娓道来："这个比赛要求军区每个师都选拔一名军人，一半靠运气，一半靠实力，我在师里脱颖而出。为了自己单位的荣誉，我就卯着那股不服输的劲头开始训练。其实我们平时参赛训练的机会少之又少，并且在去比武集训之前自己部队也有训练任务，每次只能在任务完成后抽空去熟悉榴弹。此外，在训练过程中也存在着极大的安全隐患。比如，将榴弹射击出去之后，有的不会爆炸，称作哑弹。为了排除这种隐患，我们要进行地毯式搜索，并将榴弹取回。即使有专业的操作技能，在此过程中仍存在较大危险，因为榴弹随时可能会爆炸。榴弹本身杀伤力比较大，每次实弹射击只能去偏远的山区，因此每天必须来回跋涉，有时还会遇上坎坷的山路，车无法前进，我们就只能自己硬扛上去，仅枪支就重达15公斤，加上弹药和固定三脚架，难度可想而知。”随后，林洋学长参加了比武集训。因为集训人员均是来自不同单位的铁血硬汉子，谁都不甘落后，每一次比赛都像是生死比拼。白天与日为友，奋力厮杀；夜里与月为伴，独自训练。正是他平日里一声不吭地做事，比赛中出类拔萃的功绩，让他的名字写在了党员发展对象名单里。据他形容，20个同年兵只有一个入党名额。可想而知，林洋学长背后的泪水与汗水已不能用努力两个字来简单概括。林洋学长低调不张扬的讲话中，深藏功与名。

“团结就是力量，团结就是力量，这力量是铁，这力量是钢，比铁还硬，比钢还强。”这是林洋学长在部队里的队歌，我们似乎能看到林洋学长声嘶力竭吼歌词的样子。他回忆道：“每周三和周五下午上政治课，进行爱国主义教育，每个士兵都拿着小红书坐在小板凳上看视频。”我们似乎能看到林洋学长昂首挺胸认真观看视频的样子。当我们问及爱国主义教育时，他的语气立刻变得严肃起来，他说爱国是每一个中国人的责任，这种责任感应当渗入骨髓，扎根在我们心底的最深处，有国才有家，国是千万家。

男儿有泪不轻弹，只因未到伤心处

血性青年有似水柔情，款款深情泪中诉。

在部队第一次打电话回家自然是给父母报平安。电话那端的父母问道：“最近吃得好不好啊，睡得好不好？”听到父母那熟悉的嗓音，感受到那平常的关心后，男儿的眼泪再也忍不住了。很难想象面前这个阳光的大男孩在电话机前抹眼泪的样子。山东济南和浙江台州跨越好几个省的距离，这是他与父母相隔的距离，更是思念的距离，身处异乡难免会产生强烈的思乡情绪，训练时的苦与累，以及心里的落差，明明有很多话想和父母说，可是话到了嘴边却只有一句："我在这边一切都好，你们放心吧。"虽然有很多不如意的事，但他不会提及，只把平安带给父母，让他们安心。

这是他在军旅生涯中的第一滴泪。

家里人十分希望林洋学长能考进军校，对他寄予了厚望。林洋学长自然是希望自己能够不负众望。于是，第一年在弹药库坚守职位时，他便拼命地像挤海绵那样挤时间。可是，那年部队有各种繁重的任务，再加上外出集训，使得他的大部分学习时间被占用。考军校成绩出来的那一刻，看着自己仅比录取分数线低10分的分数，他不由得心里一颤。他所做的第一件事，就是和家人通电话，自身的无力感与对父母的愧疚感交织在一起，电话那头父母的安慰更是令他自责，男儿的泪无声地落下。

他并非八路神仙，能各显神通；他并非科幻超人，能分身有术。他普普通通，但他恪尽职守，这彰显的是他对党的忠诚，这体现的是他为国家的奉献。

这是他在军旅生涯中的第二滴泪。

退伍当天，本已积蓄了两年的对外面世界的渴望和兴奋都黯然失色。清晨六点，天色还灰蒙蒙的，退伍兵们本打算悄悄地走，不带走一片云彩，没料想，他们正要踏上归途时，军队的大喇叭响起，迎面而来的是整齐的欢送队伍。昨天他们还在那支队伍里，如今却要转身离去。昨日的战友一个一个过来拥抱。林洋学长说他至今都无法忘却那些拥抱有多紧，似乎永远也放不开。那是和自己朝夕相处的兄弟啊，曾经一起守过弹药库，一起徒步行军，一起同吃同住，但最终只能含泪微笑。

这是他在军旅生涯中的第三滴泪。

江山代有才人出，各领风骚数百年

经历了两年军旅生活这个人生转折期后，林洋学长如蝉蛹蜕变为蝶，迎来了属于他的特殊爱情。在校就读一年之后林洋学长被安排去迎接新一届参军回校的同学。大概是有着相同的军旅回忆、类似的爱国情怀，他在兵妹妹中找到了自己的另一半。“夫妻双双把研考”，当林洋学长吐出这七个字时，满满的幸福感。他很认真地讲到，正是两年军旅生活中一次又一次的体能训练，接二连三的四百米障碍赛，才让他的骨子里多了一股毅力。在一年365天里，他日日起早贪黑。他打趣道：“每天对着成千上万的字，有时候是真的很疲乏。”记得那年暑假，学校图书馆还没重建完毕，没有空调教室降温。即使这样，他们仍克服困难，努力学习。无论是南教学楼还是北教学楼，每一张桌子底下都留有他们的脚印，每一间自习教室里都留有他们的记忆。暑假结束后，他们整日浸泡在图书馆，自嘲是“图书馆的寄生虫”。图书馆里，他们俩共同学习，成为彼此的精神支柱。皇天不负有心人，他们分别考上了上海财经大学和华东师范大学的研究生。

如今的林洋学长提起这些趣事儿，脸上还会浮现经历两年岁月沉淀的笑容。提到那些遗憾事儿，虽轻描淡写但掠过一丝忧伤。他将军人的品质淋漓尽致地展现在我们面前，也将他自己毫无保留地展示给我们，不知不觉间让我们对“军人”这个词的理解更加生动，更具有温度。

采访感悟

从暮鼓到晨钟，从秋冬到春夏，那是漫漫的军旅长路。我们跟着退伍学长的叙述体会着艰苦却又温暖的军营生活。一直以来我总是觉得军人严肃而又令人敬畏，但是经过这次的采访，我对军人有了新的认识。他们铁骨铮铮却又柔情似水，他们也和我们一样，有着柔弱的一面，想家时强忍着的泪水、对着电话却只报平安的坚强，无不深深触动着我的内心。然而，退伍的学长说起这些来，却是云淡风轻，好像在叙述着一个波澜不惊的故事，听者反而红了眼眶。

采访不是一次就完成的，在指导老师耐心的指导下，经过了不断的补充和反复的推敲，最后成稿，并得到了受访学长的认可。每次认真地完成一件事情之后我便会很满足，这一次成稿之后，也不例外。我反反复复地读着稿子，那些军旅生活就呈现在眼前，他的故事正在慢慢地讲给我们听。

在建军90周年之际，这样的一次采访，这样的一次写作经历，也让我们对军人、对祖国有了更多的理解与爱。

——王　菲 制药工程161班；叶孟涵 广告161班

高原戈壁上的排雷工程兵

文：詹毅杰　指导教师：伍　醒

人物瞄准镜

金权志，男，1994年7月出生，籍贯浙江台州，2012年考入浙江大学宁波理工学院制药专业学习。2014年9月应征入伍，成为一名工程兵。2016年9月退伍返校，继续就读制药专业。在部队服役期间，获得旅、营嘉奖各一次，“优秀新兵”“优秀义务兵”称号各一次，所在连获集体三等功一次。在大学期间，担任校青协实践部干事。

来自浙江台州的金权志于2014年入伍。大学二年级时，他不顾家人的反对，拒绝过平稳安定的日子，希望体验一下新的生活，下定决心，在做了眼部激光手术后，通过了两轮严格的体检和政治审查，踏上了为期两年的军旅生涯。

新兵营中的优秀新兵梦

2014年9月，告别家人后金权志踏上了去杭州的火车，转车去渭南后乘坐军队的卡车到了连队。旅途很长，第一次远离家乡的他，在成为新兵的第一晚就失眠了。他下定决心一定要在军队改头换面，从此拒绝颓废的生活。

很多人认为当兵最苦的就是新兵营。三个月的新兵营对大多数新兵来说就好像是噩梦一样的存在。从幽静平和、张扬个性的大学校园到操枪弄炮、直线加方块的绿色军营，巨大的现实落差让他有点措手不及。新兵营一天的时间排得满满的，生活也很规律：6：20起床，队列训练，跑3公里；6：50出操；7：20洗漱，叠被子，打扫卫生，打开水；8：00吃饭，洗碗，准备操课工具；11：30早上训练结束；11：50开饭；17：00体能训练，以跑步为主；18：20吃晚饭；19：00看新闻，接受政治教育；22：00睡觉。由于分配到的是边防部队里的野战军，和城市兵的新兵营不同，新兵营并没有训练正步等动作，而是用偏向实战且难度较大的动作代替队列训练，瞬间提升的体能要求让不少新兵吃了苦头。如此高压的训练没有给新兵留时间去想别的事情，头几天几乎是脑袋沾床就睡。然而，回想起当兵的两年，金权志表示新兵营是最轻松的，只要跟着时间走，跟着班长走，服从命令，认真训练就不会出事。

心怀梦想的金权志在新兵营的三个月是奔着优秀新兵的奖项去奋斗的。积极向上的端正态度，自发写出高质量广播新闻稿的优势让他脱颖而出。他也是全连里唯一一个获得队列、包扎、体能、引体向上等十项全能的新兵。这在给班长面子的同时，使他也离优秀新兵的梦想不远了。这和他平时艰苦的训练和随和的心态密不可分，也使得新兵营的班长对他关注有加，对他的印象也很好，告诉他很多军队里的纪律，因此，他犯错误的可能性就小了。班长给他介绍了之后连队的班长，大忙小忙都让他受益匪浅。

进营一个月后，部队才给每个人发了小手机，方便他们和家人联系。新兵们赶忙拨打了各自的电话，随后宿舍里就回荡着抽泣的声音。金权志也没有例外。如今他已经忘了电话里的内容，唯一确定的就是听到家人的声音后回想起当初当兵的决定，恶劣的环境和艰苦的训练让后悔感慢慢弥漫至全身。因为入伍，他甚至错过了姐姐的婚礼，回想起来这是特别遗憾的一件事。

金权志在新兵营的三个月偷闲呼出的都是后悔的气息。在训练一个卧倒的姿势时，要求以手、膝盖、手肘的顺序趴倒，因为在面对战场上的进攻时，对面火力往往过猛，必须卧倒隐蔽。金权志在训练时，往前一溜，手肘撑到满地的碎石子就破了，留了一年的伤疤。

工兵队伍中的爆破排雷尖兵

三个月漫长艰苦的新兵营生活结束后，每个新兵被随机分配到各个连队。金权志被分配去当工兵，学的是爆破排雷专业。起初他对工兵这个兵种并不了解，可他没有被专业的高危性质吓怕，也没有因为分配到保障部队而失落，认为当兵在哪里都一样，哪个兵种都一样，都可以锻炼自己，所以心态比较积极。分配到了连队后连长向新兵介绍了兵种的特殊性、重要性，而且连队的考核在全旅都是名列前茅，也是一个光荣连队。后来他慢慢跟着班长学习，对爆破排雷专业有了深层次的认识。八路军359旅是金权志所在部队的前身，曾在1941年3月在南泥湾开展了著名的大生产运动。南泥湾精神是延安精神的重要组成部分，其自力更生、奋发图强的精神内核，激励着一代又一代中华儿女战胜困难，夺取胜利。中国人民解放军爱民模范欧阳海也是出自该部队，他曾两次抢救溺水儿童，一次参加灭火，并救出一位老人，三次荣立三等功。他在1963年舍身救列车牺牲于衡阳市衡东县。部队的光荣历史和英雄人物让金权志心里充满了自豪感，有一股荣誉感驱使自己把训练完成好。

下了连队并没有马上开始爆破排雷专业训练，而是进行让他最苦恼的体能训练，因为充沛的体能是当兵必备的身体条件。然而体能训练的艰苦是常人无法想象的。一开始连队是跑轻装 5 公里，后来武装跑10公里。轻装就是着迷彩服、迷彩裤、胶鞋、帽子和皮带；武装则是着作战靴、武装头盔，带战斗装具（有20公斤重）。一般的大学生里很少有人能跑满10公里的，而在军营里穿着20多公斤的装备完成如此高强度的训练却是家常便饭。在部队里体能训练考核是考连队成绩，卡最后一个人的成绩，最后一人合格所有人就合格。所以团队合作就更加重要了，跑得快的可以帮助跑得慢的拿头盔，甚至绑着绳子拉着跑。值得一提是，金权志所在的连虽然不是作战部队，但是在全旅的武装10公里训练考核中拿了第一名，跑过了侦察兵。

部队集体体能训练

相对于体能训练，军史党史考试对金权志来说就是“小菜一碟”了。军史考试贯穿了他整个两年的军旅生涯。因为大学生的学习能力突出，党的方针政策、习主席主题讲话、党的宗旨、两会精神、建党精神、九三阅兵等知识难不倒他。因为考试很严格，在考前准备时，战友们经常会向金权志请教问题，他在学习之余热心地帮助他们。

军人是勇敢与纪律的代名词。下到连队不久金权志就开始接受排雷训练。防步兵地雷很危险，手指轻轻一按就会爆炸，一定要用针去挑。第一次训练排雷时，班长一再提醒他们要仔细。金权志很出色地完成了任务。他聚精会神地排雷的照片还出现在中国军网上。爆破训练也不像我们想的那么可怕，TNT是很安全的，如果用火去点只会燃烧不会爆炸，一定要有雷管拉了才会爆炸。刚开始去训练的兵都是愣头青，能碰到炸药都是比较开心、兴奋的，感觉很刺激。第一次听到炸药爆炸的声音时，金权志的心头为之一震，久而久之，训练的次数多了也就习惯了。

高原上的优秀义务兵

在部队训练了一段时间后，部队接到了去青藏高原演习训练的任务。通过体检的金权志顺利地跟随连队前往青藏高原。第一次去高原的时候他很激动，坐着火车慢慢爬上高原。高原的海拔高，氧气含量少，如果用在平原干活的节奏做高原的事情，就会缺氧，严重的还会晕倒。在高原，躺着都是一种风险，所以驻地有一个氧吧，缺氧的战士可以去吸氧以缓解高原反应。刚上去的时候每个人的活动量都很小，慢慢走，集合都是用走的，后来就能跑了，有一个适应期，过了以后部队就正常训练了。

第一次外训正值“9・3”大阅兵，在高原排练演习科目，而且高原和原来的连队驻地的生活条件不可同日而语。外训期间金权志和班长两个人住一个帐篷。在高原，7月份还会下雪，他们在火炉里烤肉、吃饭。部队里的人放得开，有什么故事都愿意互相分享。要是有幸遇到入伍八年的老兵，他可以从第一年讲到第八年，不停地讲一个晚上。新鲜的事情也多，有机会看到很大的乌鸦、藏羚羊、狼、牦牛。新兵都很好奇，心情比较愉快。有一次在站哨，金权志身后有七八匹狼，有战友使坏地大喊了一声“有狼”，去吓他。后来，每个人都拿着枪上去把狼吓跑了。

青藏高原上的乐趣再多，也掩盖不了演习的辛苦，在高原上，金权志有一个多月没有洗澡，因为总是遇到刚坐上部队卡车出了营门，洗澡车就开进来的情况。晚上回来得晚也就没法洗了。这样持续了一个多月，衣服放到水里捞起来水就是黑的，要捞三遍才能继续洗。虽然爆破科目都是一样的，为了适应不同的战场环境，爆破兵不能光在平时训练时做到完美，在外训地演习也要力求完美。在演习排雷的时候和训练的时候不同。演习的时候旁边都有炮弹在响，但只要平时的训练比较扎实，该怎么做心里有数，心里不会特别慌。执行任务之前都是训练无数遍的，闭着眼睛都可以去操作，在实战演习的时候都会有安全风险评估，可能出现的危险都有详细的应对措施。每个人都做好了充足的准备，对于可能出现的情况都做好了准备，上去该做什么心里都是有底的。在青藏高原的爆破考核尤其考验士兵的心理素质和体能。在演习考核时，防御方设置了障碍，进攻方要靠爆破用炸药去开一条路。开路时，一般2个人一组，一组炸完后另一组接上。金权志当时是用TNT去执行任务的，执行完任务后躺在部队的卡车上口水直流，因为高原缺氧，控制不住自己。面对这些困难，金权志起初非常不适应，但是想起老班长对自己的训诫和军营的纪律，他还是坚持了下来。在青藏高原漫长的四个月他跟随连队圆满完成了任务，更加明白，做事情要有目的性，要明确一个目标并去执行它。

艰苦训练之余，在高原可以用军队局域网上网，也可以和家里打电话，通信工作还是做得比较充分的。平时休息时间可以打电话，电话里金权志会和家人聊家常。

告别了青藏高原后，经过了层层选拔和考核，12月金权志获得了梦寐以求的“优秀义务兵”的荣誉称号。这既是对他服从命令、艰苦训练的嘉奖，也是对大学生义务兵最好的肯定。一年前家人劝阻和好友反对的声音仍犹在耳，如今他通过坚定的信念和不懈的努力，用自己卓越的表现证明了自己。

戈壁荒漠中的爆破历险

入伍的第二年，金权志跟随连队去外训地参加演习，届时有首长会去现场观摩。外训地的地形都是戈壁、荒原、小山，方圆10公里渺无人烟，都是石子，草都不会高过膝盖。天气很热，地表温度40摄氏度，趴在地上感觉人都要被烤糊了。每天的训练都是这么辛苦，水壶里的水往往是不够喝的。

大家一开始对地形不适应，训练的强度是逐渐变大的。有一次训练时因为时间紧，20公斤的炸药，就只用了5厘米长的导火索。金权志点了导火索以后马上往回跑，当他匍匐在地上的时候，地面往上弹了一下，他整个人就腾空了，旁边的玻璃全部被震碎了。在这么多次演习中，金权志最自豪的不是某项任务，而是每项任务他都完成了，没有出现过任何的闪失。但是有一件事情却让金权志记忆深刻。那是一次演习，他身上背着十几公斤的炸药，自己提早去训练，训练完休息时他就在训练场边睡觉，而战友们精力旺盛，在一旁玩耍，突然一个雷管扔过来，差点把他身上的炸药引爆。金权志吓出了一身汗，脸都煞白了，和死神擦肩而过的生死体验让他和战友都吓了一大跳。

光阴似箭，两年眨眼就过去了。经历过军营生活的人特有的忠诚、执着、勇敢以及忍耐，是永远不会改变的。金权志的目标很明确，就当两年的兵，然后回来读书。虽然连长强烈要求他留下来，但是他决心已定。他将离开军营，穿着没有领花肩章的衣服融入茫茫人海之中，平凡得如同一颗沙砾。金权志是在外训地退伍的，也就是刚下战场就光荣地退伍。他在上车后告别了一起吃过苦的战友，离开生活了两年的军营，回想起两年来的点点滴滴，借着酒劲金权志留下了美好的泪水。

退伍回学校后，金权志起初特别不适应，去菜鸟驿站取快递连支付宝都不会用。早上6：20他就自觉地起来了，不需要闹钟，然后去跑步，吃早饭，延续健康的作息习惯。他和室友相处得很好。起初室友们很好奇，天天围绕着他，他谦逊地一一解答室友的问题。同时，风风火火的金权志在部队的狠劲也上来了，他要把以往落下的功课全部补回来。上课、泡图书馆复习、参加班级活动已经成为他的生活常态。以前的战友也会定时地联系，有一个专门的退伍老兵微信群，平日里大家互相寒暄并相约共同参加了学校的治保部。回想起当兵的各种高标准严要求，退伍前后个人卫生方面的改变是最大的。在入伍之前他看完书都乱扔，房间也不会花时间去整理，部队对卫生的严苛要求让他慢慢养成了爱干净的好习惯，退伍之后他也天天叠被子，打扫卫生。

金权志对未来有着比较清晰的规划，他打算参加国家公务员考试。一方面参军为他积累了两年基层工作经历，报考国家公务员时可报考的岗位比较多；另一方面国家对退伍军人的保障越来越好，报考公务员时也会有相应的优惠政策。谈到新生军训，他表示最重要的是调节一个人的精、气、神，他表示会把军队里学到的东西和新生们分享，让他们度过一个充实、愉快的军训。

采访感悟

看过气势磅礴的入伍宣传片，路过街边光荣入伍的广告牌，却难有接触退伍义务兵的机会。正值建军90周年，生于和平年代的我们，仅仅通过军训简单地了解军人生活，通过影视剧浅层次地看到军旅的样貌，却不曾真正步入军营。

短短的两年时间，把青春奉献给部队，对于大学生义务兵来说短暂又宝贵。面前阳光开朗的男孩经历过生死，品尝过军旅的艰辛。通过对金权志的采访交流，我仿佛看到了漫天的黄沙，触到了高温的戈壁，闻到了高原的泥土气息，听到了震耳欲聋的爆破声；我体会到了军营里严苛的纪律，也感受到了金权志从容淡定的性格。

军营，象征了国家，保护着土地，更塑造着军人的性格，予以坚韧的性格和美好的品德。

——詹毅杰　国投151班

黄沙不负装甲兵

文：王相回 杨飞 指导老师：柯乐乐

人物瞄准镜

蒋忠意，男，1994年6月出生，籍贯浙江安吉，2013年考入浙江大学宁波理工学院能源与环境系统工程专业学习。2014年9月应征入伍，成为某部队一名装甲兵。2016年9月退伍返校，继续就读能源与环境系统工程专业。在部队服役期间，获得“优秀新战士标兵”“优秀士兵”等荣誉。

读完四年大学，继而踏上工作岗位，这已是大多数大学生顺理成章的选择。但当前，有越来越多的大学生选择从军入伍，去经历身体与精神上的挑战，寻求“自力更生、艰苦奋斗”的精神。

男儿何不带吴钩

我们的主人公，蒋忠意，一枚出生于浙江省湖州市安吉县的1994年的“小鲜肉”，于2013年9月进入浙江大学宁波理工学院，成为一名机能学院能源专业的学生。刚开始他也和大多数新生一样，想着安安稳稳地度过大学四年时光。可囿于自己那颗不安定的心，在大一期中考试的前夜，他做出了一个将会影响他一生的决定——当兵。当天晚上他便打电话与家人商讨此事。

父亲支持他，让他做自己想做的事；母亲或许是因为心疼儿子，担心他在部队里吃苦，并不同意，态度强硬且不容任何反驳。最后他还是毅然坚持了自己的想法，瞒着妈妈，填完了参军的表格。令他高兴的是，那年暑假进行的参军体检，他的各项指标都达标了，他拥有了成为一名军人的资格。

当谈及参军的原因时，忠意表示自己不喜欢没有规律的生活，不喜欢把时间花在游戏上，过着浑浑噩噩的日子。同时，他也受到了大一军训时教官的影响，认为男生需要经历参军这一人生历程，经历磨难与挫折，才能够成长，蜕变成真正的男人。

入伍前的忠意心情复杂。他会因为观看电视剧《士兵突击》而热血澎湃，心中产生万千斗志。可是，他也会因为要离开家、离开父母而犹豫，还会因为自己是个“生活白痴”，担心自己不能适应军营中的生活而感到忐忑。

2014年9月，北上的日子终于到来了。

在火车站与父母离别时，母亲一滴滴的眼泪、一句句的嘱咐，父亲语重心长的话语，让忠意感受到了真真切切的离别之情，但他不允许自己落泪，努力让自己表现得很坚强，让父母放心。

去往军营的路途很长，很艰辛。忠意坐了一天一夜的绿皮火车，从南方到了北方，又坐了很长时间的汽车，终于在早上10点到达了目的地——前身可追溯至1930年成立的原红军独立1师的光荣部队。这支部队在抗日战争时期开展了影响深远的南泥湾大生产运动，“自力更生、艰苦奋斗”的南泥湾精神就是在那个时期由它铸就的。

忠意吃了军营生活中的第一顿饭。他没有在意伙食好不好，觉得首要的是填饱肚子。在军营里自己吃过的碗要自己洗，这让他感觉有点不习惯，但还是努力让自己适应。军营生活节奏很快，到达军营的那天下午，他便马不停蹄地开始了训练。“烈日当空照，汗水流不停。衣服全湿透，咬牙继续站。”在伏旱天的烈日下训练，忠意感到自己的体能难以支撑，体会到了在这两年里突破自己的痛苦。当天晚上，他便躲在被窝里哭了，因为想家，因为辛苦，因为很拘束。

忠意（右二）和他的战友们

黄沙百战穿金甲

刚到军营的那段日子，忠意很不习惯。每天早上6点钟起床，跟着队伍徒步跑上一圈又一圈，跑完才能吃早餐。短暂休息之后，开始进行真正的风吹日晒或遭雨淋的训练，日复一日。军营生活中的难题并不是简简单单的身体上的“透支”，更难的是心理上无形的压力。在新兵训练过程中，忠意也曾有过后悔，但他一次又一次地告诉自己：自己选择的路跪着也要走下去。白天严格督训的班长晚上会变成知心小哥哥，他安抚新兵们：只有使自己更加强大，才能够更好地在部队中生活。

一个月之后，新兵连获得了一次与家人打电话的机会。忠意给日思夜想的父母打去了电话，一听见电话那头父母熟悉的声音，泪水便在他的眼眶里盘旋打转。听着电话那边几度哽咽的声音，他极力控制住自己的情感，说自己一切都好，让他们放心。一根电话线，连接了处在天南和地北的三个人。放下电话的他，终于还是控制不住，两行泪顺着因风吹日晒的训练而变得粗糙的脸颊倾泻而下。回到宿舍，看见联系完亲友后的战友都眼睛红红地坐在各自的床上，气氛显得有些凝重，空气中都是浓郁的思乡味。大家一言不发，就这样安安静静地度过了那个难眠的夜晚。

渐渐地，忠意习惯了这样的生活。三个月的新兵训练结束之后，他凭借自己的努力获得了“优秀新战士标兵”的荣誉称号。从那天起，他不再是新兵了。

告别新兵身份的忠意最初被分配到了榴弹班，之后到了连部成为一名装甲兵，是装甲车副驾驶员。第二年，他参加了一个考军校的学员集训，之后被分配到了反坦克火箭班担任副驾驶。在那里他一直待到两年军队生活结束。

不同于新兵连，除了体力训练，素质教育也是专业班学习的重要部分。素质教育包括两种：一种是军事理论学习，和大学生一样学习专业知识，如在榴弹班学习如何使用榴弹发射器；另一种是政治理论学习，时间通常安排在每周三。通过政治理论的学习，忠意明白了作为一名军人应该具备的素养——使命和忠诚。对军队来说，使命重于泰山；对军人来说，使命高于生命。而忠诚是军人最重要、最可贵的品质。

当然，军旅生活不可能一直是单调乏味的，战士们可以在每周五晚上观看各种类型的电影，包括最新的好莱坞大片，以此来为军队生活增添趣味。他们也有自由活动的时间，可以到服务社购买物品，到军营餐厅改善伙食。

值得一提的是，忠意在这两年里还享受过一场“旅行”，从西宁到西安再到桂林。沿途欣赏了西宁的青草地、西安的古城墙、桂林甲天下的山水。风景美丽，但身负押运装甲车任务的他却并不轻松。他们跨越半个中国，将这批装甲车成功押运到目的地，途中不能出现任何闪失。可想而知，身负艰巨使命的忠意，目之所及的只有装甲车，心之所想的只有装甲车的安全运送。

梦回吹角连营

上交完自己的军衔，忠意的军旅生涯就此结束。

两年的时间不长不短，夏风吹完两回，它就结束了。人总是在开始的时候想着结束，在结束的时候想着开始。一纸军令下来，忠意明白是到了该离开的时候了，可他怎么舍得这些和他一起经历过风吹、日晒、雨淋的战友们？不舍，还是不舍。按照规定，新老兵交替会在九月份进行，但在九月的时候，忠意所在部队突然接到上级调动部队的通知，要前往青藏高原执行一个可能的作战任务。就这样，忠意的退伍日期延迟了一个月，也让他两年的军旅生涯留下了一个巨大的遗憾——未能在退伍时告别军旗。军旗在外是军人的象征，在内是军人的灵魂。军人可以倒下，但军旗绝对不能倒。军旗对于军人来讲是一种信仰。当他说到军旗的时候，我们在他的眼里发现了光。他曾想在退伍时带走一套配件齐全的迷彩军服给自己留个纪念，可最终这也没能实现。

两年的军营生活，忠意现在回忆起来，内心五味杂陈。有让他感觉到“酸”的时候，有让他感觉到“甜”的时候，也有让他感觉到“苦”的时候，还有让他感觉到“辣”的时候。当他在新兵连，看到和他同时入伍的战友得奖的时候，他内心泛起阵阵酸楚：凭什么同样努力的自己没能获得奖项？直到后来他才明白，在军营里，一切都得靠实力说话，只有增强自己的实力，别人才会看重你。当他所做的工作被自己的上级所认可的时候，他的心头仿佛注入了一剂甜蜜素。而军营里日复一日的训练和严格的规矩章程，又让他产生了压抑和苦楚的感觉。至于“辣”的方面，他是真真实实地感觉到了。部队驻地饮食喜辣，每一餐都离不开辣椒，他们也用辣椒来欢迎远道而来的朋友。

离别时，他想起了那位给他留下了温暖的指导员。参军第一年的战术考核，忠意背负了巨大的压力，两天一夜没有合眼，也没有吃东西，最终发了高烧。无助时，指导员出现了，他把忠意带到了医务室，对他悉心照顾。忠意早上醒来第一个睁眼见到的人是他，晚上闭眼前最后见到的人也是他。指导员的陪伴使忠意感受到了父亲般的温暖，是指导员带他走出了阴霾。他也想起了自己的榴弹班班长。由于来来回回的工作调动，忠意一共换了八任班长，每位班长都让忠意学到了东西。而榴弹班班长教给了他最重要的东西：做任何事情的标准唯有法律、道德与良心。这也成了忠意日后做事的准则。

人去情不移

沿着来时的路，忠意终于在某条不知名的河边再次看到了阔别两年的江南垂柳。他带着“优秀义务兵”的荣誉称号回到了既熟悉又陌生的浙江大学宁波理工学院。他发现学校还是那个学校，相处的人却不同了。和他一起进入这所学校的2013级同学，现在已经成了他的学长学姐，而本该成为他学弟学妹的2015级新生却成了他现在的同学。停止学习专业课两年，忠意感觉到自己的学习有点跟不上。在同乡好友的帮助下，忠意逐渐将自己的身份从一名军人转换为一名学生。他习惯了没有军帽的自己，习惯了朝九晚五的自己。现在的世界变化很快，短短两年，支付宝就取代了现金成为校园里最流行的支付方式。现在忠意出门也离不开支付宝了。

忠意认为自己与其他没有参军经历的大学生相比，性格上有很大的优势。他时刻铭记着“自力更生、艰苦奋斗”的南泥湾精神，做事不再拖泥带水，并且拥有足够的耐心。他把军营中练就的脚踏实地的风格带到了学校，将图书馆当作自己的家，努力学习专业知识，打算在不久的将来考研究生，现在他正为这个目标努力。除此之外，他也把军营中的生活方式带到了学校：每天坚持锻炼，在健身房或是运动场，风雨不动。

“青春就是挥洒汗水，青春就是奋斗。”忠意这样理解青春。一如习近平主席曾对我们青年的寄语：人的一生只有一次青春。现在，青春是用来奋斗的；将来，青春是用来回忆的。

对于那些有参军意向的同学们，忠意送给了他们四个字：想去就去。当兵后悔三个月，不当兵后悔一辈子。不要让一时的犹豫阻止你的想法落地生根，就让它枝繁叶茂吧。

如果再给忠意一次选择的机会，他会义无反顾地再次选择进入军营。因为那里有他的战友，还有他苦苦追寻的南泥湾精神。

采访感悟

六月份的一个下午，我们两个和退伍军人蒋忠意约定好进行《学子强军梦》一书的相关采访。外面天气很热，所幸室内有空调。忠意上身着黑色T恤，下身是条大裤衩，随意的穿着透露着他随和的性格。从白昼到黑夜，我们谈论了一个又一个问题，聊到了他的过去、现在和未来。深入了解后，我们发现，军人作为硬汉的代表，同样也是有血有肉的，他们也有七情六欲，他们也能品尝到生活的酸甜苦辣咸。这就是我们这篇文章的感情基调。

——王相回　法学162班

流光溢彩的追梦少年

文：江京倪　指导老师：李 慧

人物瞄准镜

郭增光，男，1993年5月出生，籍贯福建福安，2010年考入浙江大学宁波理工学院旅游管理专业学习。2011年12月应征入伍，成为南方某部队一名步兵。2013年12月退伍返校，继续就读旅游管理专业。在部队服役期间，参加团年度训练比武，获得“5000米训练尖子”荣誉称号，2012年获营嘉奖，2013年获“优秀士兵”荣誉称号。在大学期间，参加校木球队。

从小我就有一个伟大的理想，那就是加入光荣的中国人民解放军。遥想当年，南昌城头点燃的星星之火燃烧了全中国，随后经过五次反“围剿”的土地革命战争、抗日战争、解放战争，最终建立了新中国。我经常想，如果有一天，我能穿上神圣的军装，接过前辈的钢枪，那是一件多么光荣的事啊。保卫祖国，保卫人民，成为百万雄师中的一员，于苦难中坚持，于时光里成长。

——郭增光

追逐梦想

艳金色的光透过树的碎影，斑斑驳驳，窗外树枝上蛰伏了三年的蝉在声声鸣唱，伸出手想要握住的晚风夹杂着潮湿的青草味和泥土的气息在轻轻吹拂。郭增光恍惚着，想着要趁年轻在这个夏天做一些不让自己后悔的事。于是，在这个万物肆意生长的季节里，郭增光踏上了洒满金色阳光的从军路途。

怀揣着对未来的迷惘和丝丝不安，郭增光加入了南方某野战军部队。之前他对部队生活一无所知，去了之后才发现军营的生活要比想象中的更加艰苦。部队是一个大熔炉，它会让你身上的“废料”一点点消失，让你的陋习一点点改变，虽然过程十分痛苦，但坚持下来之后，那种成功的满足、超越自我的喜悦以及脱胎换骨的感觉是无法用言语来描述的。

很快，郭增光迎来了进入连队后的第一次5000米训练。“竹深树密虫鸣处，时有微凉只是风”，鎏金的阳光火辣辣的，洒在训练场上，流转的空气里弥漫着汗水的味道，一圈，一圈……他感觉大脑越来越沉重，身体却越来越轻，不知道什么时候会结束，不知道哪里才是终点，只有前方，只有脚下，一步一步。每个人都有潜能，只是很容易被习惯所掩盖，被时间所迷离，被惰性所消磨。5000米的训练郭增光坚持了下来，获得了第二名，而且和第一名的差距非常微弱，这是他之前从未达到过的一个好成绩，内心的欢欣雀跃无以言表。

在第一次的5公里着装越野中，因为不熟悉装备，在行进过程中，郭增光的防毒面具松了。他要一边忍受着难受的气味，一边背负着沉重的背包前行，这使得他感觉5公里的距离愈发漫长。但郭增光说：“事情一旦做了就不能中途放弃，一定要坚持下去。”

郭增光在训练间隙休息

进步在悄悄地发生着。从一开始的喝完水跑步就会肚子痛，到后来边行进边吃东西也没有事。只有每天的不懈坚持才能造就这些改变，坚持不仅增强了郭增光的体格，更磨炼了他的意志。军营让这个羸弱少年一步步蜕变成具有铮铮铁骨的男子汉。

人们都说到部队的前三个月是最痛苦的，很多人在进入部队后不能很快适应环境。对新环境的不适应，以及高强度训练的艰辛，会让人萌生退意。很多困难在没见过时仿佛就像是一座大山，感到无法跨越，觉得自己会失败。可到底什么叫失败？真正失败的人，就是那种特别害怕不能成功，连试都不敢试的人。正如郭增光所说的那样："对于所到来的一切事情都抱着'既来之，则安之'的态度就好了，如果你始终向着自己的目标前进，那么全世界都会为你让路。"

磨炼铮铮铁骨

一隙阳光，照出扇形的光亮，金色在那海天一线处以不可思议的速度晕染了整个天空，一切黑暗与绝望在此时被吞噬得干干净净。海水、天空，干净得没有一丝污秽，只剩下彻底的、纯粹的蓝，像不经意打翻了的蓝色墨水瓶，渲染开千丝万缕的蓝。

比拂晓更早的，是他们——军人。

作为野战军，每天要做很多训练，如夺岛登陆、障碍训练等。每天的生活非常规律：六点钟起床，跑5000米或者原地俯卧撑，搞完内务卫生后带器材出操，完成投弹、射击、体能、小组配合等一系列训练任务，中午有一个半小时的休息时间，下午继续出操训练，晚上七点准时看新闻联播，七点半进行夜间训练或者理论学习，九点到九点半大家依批次洗漱，十点熄灯。有时夜间还有训练或站岗任务。日复一日，年复一年。郭增光这样描述他的日常生活。

远离家人，远离城市，每天面对枯燥的高强度训练、数不清的奔波和密密麻麻的蚊虫。每天起早贪黑，风吹日晒，夜深人静的时候伴着海风吹动的

浪花，思乡之情会不可抑制地蔓延。思念着家乡，思念着故乡的亲人，思念校园里被暖黄色的路灯投下无数金色碎片的梧桐路。

因为组织的需要，郭增光曾先后转为炮兵和后勤兵。他说："组织上常常会有调动，作为一名军人，就要做一颗螺丝钉，做一块砖，哪里需要我，我就去哪里。"

回忆起作为炮兵的那段经历，郭增光心里有一个很大的遗憾。转入炮兵之后，郭增光练习了一年的60毫米迫击炮，他每天认真训练，听前辈们讲解迫击炮的各种要求和规定，梦想着有一天自己能够痛痛快快地进行实弹演练。这也许是男孩天生对枪对炮的一种执迷。但是，最终由于政策要求，他未能亲自打出一发炮弹。这成为郭增光心里最大的遗憾。对此，郭增光虽然当时心有不甘，但是从内心是能够理解的，既然选择当兵，就要时刻以遵守纪律为天职。

就像谈到后来转入后勤兵的经历时他说的那样，刚开始心情会有些失落，但是当兵，在哪里都是一样的，在什么岗位都不妨碍自己成为一名好兵。他告诉我们做后勤兵时他曾做过蛋糕，炸过油条，这些事情他以前都不会，当兵教会了他太多。

青春不只是肆意，还有国和家，男儿的热血洒在无际的海边，伴随着声声的号角。光荣不只是在战场上厮杀，还有心中坚守的信仰与热血磨炼的铮铮铁骨。不管发生什么，都不要放弃，坚持下去，肯定会遇见意想不到的风景。也许那不是当初决定要走的路，可是不同的路会有不同的风景。也许原本想知道森林的神秘，可你却感受到了草原的广阔；原本想欣赏湖泊的平静，你却感受到边塞的漫漫黄沙。

不管怎样，不同的山顶拥有同样美丽的日出，而一切，都是最好的安排。

铸就信仰传承军魂

中国人民解放军善于不断在各种斗争中总结经验，并一代代传承下来，使之成为军魂。

在郭增光参军的第二年，南方沿海一城市发生了海水倒灌。当时部队在附近驻训，知道这个消息之后，每个人都想着要去帮忙，没有一个人选择退缩，大家没有休息而是自发打包好装备，随时准备出发。后来灾情得到控制，直到凌晨四点，接到了指令，大部分人才放下背包去休息。当天下午，另外几百个人就被派往灾区协助处理灾后善后事宜。这件事情让我想起了1998年的抗洪救灾，那时候军人用自己身体挡住洪水，在无情的洪水面前万众一心，众志成城。

虽然不同兵种训练的内容不同，但是中国人民解放军的每一名军人都是拿得出手的。虽然平时可能偶尔偷懒打诨，但是关键时候每个人都会义不容辞地挺身而出。这些信念，在部队里是潜移默化形成的。

中国的军人，从古时“出不入兮往不反，平原忽兮路超远。带长剑兮挟秦弓，首身离兮心不惩。诚既勇兮又以武，终刚强兮不可凌。身既死兮神以灵，魂魄毅兮为鬼雄”的楚国士兵奋死杀敌，到红军长征两万五千里，再到现在国家发生危险时每一个挺身而出的身影，一代代军人用鲜血铸就信仰。

在最风华正茂的年纪进入部队，选择当一名军人，保家卫国，身上背负的不仅仅是期望和责任，还有国家的安全。在军队的训练中百炼成钢，退伍之后以新的姿态迎接未来，把身上的担子交给后面的人，这些信念和这些精神，就在这一代代传承中愈加纯粹。

每一个当初看起来遥不可及的目标，当我们拼命地奋斗，执着地坚持，最后站在终点回望来时的路，会发现收获的不仅仅是胜利，还有超越自己的喜悦，以及无私无畏的精神！先前的我们或许过着安逸的生活，或许是甘于平凡，或许是为了逃避，而现在有一件事情可以让你改变自己，去部队吧，好好锻炼自己。

离开部队回归学校后，郭增光还保留着在部队的习惯，走路时昂首挺胸，习惯午睡，想做的事立马去做，而且变得更加外向了。离开部队的第六年，他进入公司工作，适应了快节奏的生活，对于事情更能担当。部队改变了他很多，让他更加优秀，让他在面对困难时更加从容不迫，不惧与别人相处，处理事情也更加井井有条。

终生难忘战友情

军营生活不只有枯燥艰苦的训练，离开军营之后让人记忆深刻的，往往是身边朝夕相处的战友。战友对于军人来说不仅仅是相处两年的人，更是在训练时回头就能看见并一直陪伴在身边、让彼此坚持下去的人。当觉得困难重重力不从心时，发现战友还在努力，这时候你也会默默地坚持下去。

说起跟战友间的故事，郭增光眼睛里露出了笑意。他是一个言语不多的人，但是说起战友，他变得健谈起来。战友是什么？战友是陪你一起嬉笑打闹的人，是训练场上一起站军姿的人，是深夜陪你一起聊天的人，是日后回想起还能微笑的一群人。从最初的陌生到后来共吃一桶泡面，因为某一人的失误而全班一起受罚，这些战友中，有因为说了要当特种兵而被副班长操练的队友，有不爱洗澡的队友，有对新兵很照顾的班长，也有在你受伤时无微不至照顾你的兄弟。大家从全国各地而来，带着全国各地的口音，汇聚在一个连队里。

也许离开军营之后忘却了很多事，很多人，但是真真切切一起相处过两年的人是永远不会忘记的，再次谈起，那些被埋在记忆深处的人和事竟又如此鲜活地出现在脑海：进连队后吃的第一顿饭、第一次接受惩罚、第一次超越自己的5000米、第一次徒步训练、接受炮兵训练很久却没有亲自射击的遗憾、当后勤兵时煮的第一次饭、那些为了赢得“训练尖子”荣誉称号而努力的每一天、那些在月下时想念家乡被碾碎的每一根烟蒂……

郭增光说，当兵两年他几乎没哭过，唯一的例外就是退伍那一天。当那一天渐渐来临，每个人心中都十分不舍，压抑、难受的情绪弥漫在部队当中，希望时间能走得再慢一点，希望教官能再多说几句，希望自己训练的动作再标准一点。大家回想起进入部队的第一天，感叹时光如梭，两年的时间转眼就要画上句点。

一开始的羸弱少年已经磨炼成一个真正的男子汉，告别教官，告别战友，从此一个人走上旅程，或许再也没有这么一群人能在你训练时拉你一把，再也没有一个教官这么“折磨”你，再也没有突如其来的夜间站岗。那种分离的伤感在心头蔓延，有说不出的痛。背上行囊转身离开的那一刻，郭增光终于抑制不住心底的悲伤，眼泪奔涌而出。

在生命的无尽旷野里，我们相遇，我们也要分离，越走越远，有些人终将无处告别，但是那些短暂的相聚却在时间的流转里凝结成琥珀，令人念念不忘。今后是荣耀的，或失败的，或漫长的，或须臾的，这些都不重要，重要的是，他会披戴着战友的鼓励和情谊，坚定地走向未知的世界。

增光，当初选择这个名字，父母也许也是抱着让孩子为国增光的期望吧。经历了两年的军营生活，郭增光说：“当兵可能会让你辛苦两年，但是不当兵会让你后悔一辈子。如果再给我一次机会，我还是会毫不犹豫地选择去当兵！”

你要相信，两年的时光对于一辈子来说，不算长。

采访感悟

从很小的时候，我就对军人抱着敬畏之情。他们保家卫国，肩负着使命。但通过这次的采访，我发现军人的铮铮铁骨背后是他们几年的血与泪。

我这次的采访对象是一位已经毕业的学长，所以我们在微信上进行了交流。在谈起他当年当兵的日子时，他侃侃而谈，充满了对那段时光的怀念，使得我对军队的生活也更加向往。

在写稿中，我揣度着用好每一个词，在和老师的不断修改下，完成了我的作业。这是对我暑期社会实践的一份总结，也是对军人的一份尊敬。如果以后还有机会，我还会做一个采访者，记录下他们那段光辉的时光。

——江京倪　中美金融161班

力求数据精确的侦察兵

文：周昱含　王梦婷　指导老师：聂迎娉

人物瞄准镜

陈章浩，男，1992年2月出生，籍贯福建福州，2011年考入浙江大学宁波理工学院自动化专业学习。2011年10月应征入伍，成为一名侦察兵。2013年10月退伍返校，继续就读自动化专业。在部队服役期间，参加师侦察兵集训，获得“优秀学员”称号。

在每个人都翘首展望大学生活之际，机能学院的陈章浩同学却做出了一个与众不同的决定。2011年11月，陈章浩踏上了入伍的旅途。他背着朴素的行囊，坐着卡车从温润的江南去往尘土飞扬的荒山，只为心中光荣参军的梦想。从在新兵营的挥汗勤练，到伏案桌前埋首精确计算火炮发射方位，再到缜密地传阅登记文件，他的当兵之旅可谓是毫不平凡。即便陈章浩现在已经离开部队，重回校园，但过往的峥嵘岁月仍在他脑海内时时涌现。

铁血男儿军人梦

1992年出生的陈章浩，一直有一个铁血男儿军人梦。这个梦想最初源自他的家庭。

陈章浩的爷爷曾经是一名军人，参加过解放战争，参与了东北四平保卫战等重大战役。即使是退伍后，他也时刻以军人的标准要求自己。新中国成立后，社会主义建设需要人力，于是他的爷爷奶奶响应国家关于“英雄母亲”的号召，先后孕育了10个小孩。尽管老人家在陈章浩很小时便已过世，但是他仍然记得小时候听爷爷讲战斗故事时的热血沸腾，那时他懵懂地觉得军人就代表神圣和光荣。后来，从父辈们关于爷爷生前的叙事和回忆中，他了解到爷爷因为亲历了生死离别，痛感生命的可贵，所以希望下一辈人能平安、健康地成长。也许是从那时起，梦想的种子就已深深地埋入他的心底。

为了追寻自己的军人梦，也为了追寻爷爷的足迹，大学填报志愿时，陈章浩首选了中国人民武装警察部队南京指挥学院，但却阴差阳错因为分数原因而遗憾落榜。但是，暂时不能如愿又何妨梦想种子的生根发芽呢？一学期散漫的大学生活后，陈章浩又一次选择应征入伍。当得知自己被征用时他的内心十分激动，同时也开始憧憬并期待着辛苦而又丰富多彩的军营生活。

在即将离家之际，陈章浩的母亲十分忧虑，担心自己的孩子受不了当兵的辛苦，担心自己的孩子在军营吃不好睡不好，还担心要是生病了怎么办，劝他重新考虑是否应该踏上这条当兵的路。他果断拒绝了妈妈的建议。2011年，陈章浩不过才19岁。当入伍的日子渐渐临近时，他也曾因对未知世界的惶恐而深深焦虑，甚至有些许后悔，但他还是不顾母亲的强力挽留，头也不回地离去。他的内心深处有这样一个声音在鼓励他前行：既然是自己选择的，就要去完成心目中当军人的那个梦想。他憧憬军营生活能给自己带来很多的改变，帮助他褪去那一身少年的稚气。所以在开往部队的徐徐前进的车中，他看向车窗，对以前的那个不懂事的自己做一个告别；而新兵的生活，对他来说是个全新的开始。

但是，到了部队，落差应声而至。尽管出发前设想了一万种军营生活的状态，可当大巴车驶往大山深处的新兵营时，他还是被理想与现实间的差距震撼了。途经的大山深处，偶尔听到某户农家的鸡鸣狗吠声，让他觉得自己似乎受到了欺骗，失落感扑面而来。在那个陌生地方度过的第一个夜晚，他的心情十分复杂和沮丧，对未来更是充满了迷茫。

都说新兵生活的前三个月是最痛苦、最难熬的，而且陈章浩入伍时正值严冬，又身处空旷的大山深处，只有一天比一天更冷的日子。但伴随着每天机械般地训练，日子也就悄悄地溜走了。新兵连有着高强度的作息安排，每天6：00天微微亮时便要起床，执行“3331”的命令（3分钟起床，3分钟集合喊口号，3分钟洗漱，1分钟集合），而后开始充实而又疲惫的训练生活，到了晚上10：00的睡觉时间，脑袋刚沾上枕头就立刻睡去，就这样，日复一日。三个月的时间，从几乎完不成3000米跑步训练，到把跑3000米当作一种放松性训练，再到能跑1万米，他的体能得到了大幅度的提升。时间如水般流逝，在新兵连的集训也很快结束了。正是这样的生活，让他整个人好像脱胎换骨了，他学会了规划时间、安排时间、利用时间，也开始拥有了责任意识。

力求数据精确的侦察经历

三个月的新兵训练过后，陈章浩被分配担任侦察兵。初入军营的他真可谓是“蓬头稚儿”，对军营里大大小小的事务都不了解。当他被告知将要成为一名侦察兵之时，他还懵懂困惑了许久。

作为作战单位的兵种之一，侦察兵的主要任务是深入敌后，侦察敌方军事目标的位置，捕捉敌方俘虏，并为本方火炮及空中打击、远程兵力投送、抢滩登陆等提供翔实的地理坐标和破坏情况。由此可见，侦察兵的工作要求全神贯注、数据信息精确、做事严谨细致。

一开始担任侦察兵时，即便是聚精会神地端坐在机器前进行火炮方位计算，陈章浩还是经常算错，懊悔、无奈使陈章浩陷入了低潮。营长、班长知道他的情况后，语重心长地找他谈话，帮助他再次树立起做一名优秀侦察兵的信心和决心。经过一段时间的心态调整，陈章浩终于熟悉了日常工作，熟练掌握了侦察兵的技术要点。在执行任务时，他总是算得又快又准，甚至使得营长对他刮目相看。

为了成为一名优秀的侦察兵，陈章浩不畏辛苦，苦练技术。一次，他所属的师队举行了一项极具挑战性的活动，50多个战士都积极踊跃地报名参与，作为7班代表的陈章浩当然也勇于争先。活动的主要流程是将这50多位参赛战士按不同班级放在不同的位置，要求他们在不借助外力的情况下，利用周边地理环境前往规定的营地，超时则算任务失败。这项活动伊始，陈章浩和他的战友们被卡车运送到完全陌生的区域。一下卡车，他开始认真观察周围环境，如天上太阳的位置、周边树木的生长特点以及其他一切能推断位置的物体。通过不断的推理，他最终确定了自己的位置，迅速构思并规划出行进路程。为了抓紧时间，在整个活动中，陈章浩和战友们全程跑步前进。这项任务对身体素质的要求非常高，一路上不停有人晕倒，但是醒来后，这些军人仍会毅然向着目的地跑去，决不停歇脚步。离规定时间还有半个小时的时候，陈章浩所在的班级就到达了目的地。这次的经历带给了陈章浩极大的震撼，他第一次深刻体会到侦察兵的特点和职责所在，那就是不断认清定位，再毅然决然地向着目的地进发。

胸怀保家卫国的宏远大愿，无言承担着军人的职责，在那段时间，一腔热血总是在陈章浩心中激荡沸腾，他甚至沉浸于这种激情澎湃的军营生活，连第二年的来临都没发觉。他不知道，第二年他将迎来更加意义非凡的时光，那足以令他此生铭记。

力求信息精准的通信经历

到了第二年，陈章浩继续在连队里刻苦地挥汗勤练。一天，在所有的训练结束后，陈章浩被告知要去教导员那里一趟。教导员突然找他，这让陈章浩心生疑惑，开始反省自己工作上有无疏漏。等他到办公室的时候，教导员语重心长地给他介绍何谓收发员，以及收发员的主要工作任务。在教导员如细雨般不停歇的言语下，陈章浩终于明白了教导员找他的目的，那就是要他成为一名通信兵，调任到收发员的岗位。因为他在部队里的表现相当优秀，教导员特意从少之又少的可供调任名额中预留了一个，以便让他换到更能发挥自己优势的岗位。他每每回忆起教导员那时的神情和话语，内心总是一片澎湃热血，因为这种调任意味着他被部队里的战友认可，为教导员所赞许。

收发员的定位和侦察兵是截然不同的。侦察兵的主要任务是深入敌后，侦察敌军军事目标的位置，为己方火炮进行目标指示等。但是收发员却是负责收文处理，对文件进行分类登记，并负责信息的上下级传阅工作。两者的工作性质差异不小，但陈章浩之后的工作表现却证明他确实能够胜任这个职务。

在大学生临近暑假的时候，通信兵的海训任务也即将开始。这是一种比较特殊的任务，执行任务的战友需要在外逗留一到两个月的时间。在这种情况下通信兵身上所肩负的任务就更显重要，他们收发的消息对整个团内的通信交流起到至关重要的作用。例如，团内所属的电台，使用的是所在团的专有频率，在执行任务期间，团内的交流分为两个部分：一个是明码交流部分，就像2526这个看似简单的数字，实际上代表着收到请回答的含义，这属于明码交流；二是密钥交流部分，不能明码交流的信息需要通过密钥进行。

通信班的生活是对体力、耐力和脑力的综合考验。有一天，正值黄岩岛事件紧张时期，部队宣布进入一级战备模式，当天晚上陈章浩所在连队便收到通知，要求他们立即出动前往目的地进行战备演习。那天出动的时候已是深夜，陈章浩和其他战友背着沉重的大包一路竭力向前奔跑。那晚他们及时到达了目的地，由领导细细审查作战装备后，在营地里架起枪炮，整齐划一地进行了演习的各项内容。在部队之中，陈章浩总是做得最出色的那一个。在长月当空的这晚，他架着枪，心里念着黄岩岛的百姓，第一次从心底里升起作为军人的责任感。也是在这一晚，他坚固了愿为国家抛洒热血的决心。

调任后的生活确实比起之前要枯燥无味一些，但伏案桌前整理文件却是整个部队展开其他工作的基础。对文件的整理工作变得熟稔后，陈章浩更加积极主动地做好信息的精准传阅，后来，他因为工作上的优秀表现荣升通信班副班长。与在新兵营的劳其筋骨不同，在通信班中做收发员先是苦其心志，而后练其心境。经过这次调任，陈章浩洗涤了身上的浮躁，变得更加务实沉稳。他因这次调任而蜕变，也因这次调任而成长。

军中男儿也有情

时间总是逝如流水，不知不觉间便到了第二年的除夕夜。过了这日，陈章浩就要卸下军衔，离开部队，背上行囊，奔赴人生的下一站了。上午，他们举行了卸军衔仪式，部队里所有曾经的新兵都排成整齐的队列，由营长给大家一一卸下军衔。当军衔终被卸下的时刻，陈章浩跟其他战友们一样，无法克制地哭出声来。他第一次如此深刻地意识到，他已经再也不属于这个部队，再也不属于这个温暖的家了。除夕夜那晚，为了祝福战友的未来，他们营部的大桌小桌上摆满了瓶瓶罐罐的酒和色美味妙的菜肴。同班的战友们围坐在一起，纷纷拿起酒杯敬祝已经陪伴自己两年的伙伴，离别的愁绪被搁置一旁，一时间欢声笑语，热闹非凡。

伴随着不时响起的清脆的酒杯碰撞声，桌边，喝醉的战友们歪歪扭扭地倒在了一块。也有人洒脱地拿起了酒杯，走到指导员身边笑着质问教导员为何对他们这么凶。大概酒真的是表达性格和想法的催化剂。指导员扑哧一下笑了，解释说这是因为自己脾气火暴的缘故，他也向旁边的战士们举杯抱歉。军人的心怀注定如百川般广博，一杯入肚，体内骤然上升的温度如火苗热情燃烧。接着，同班的战友们又蜂拥而前环抱住一边的营长。交叠的手臂间，营长的笑语声被淹没在战友的怀抱里。但是，他的笑容却是如此的闪闪发亮。这是一种怎样的笑呢？是一种能给人无边温暖的笑。陈章浩从不知道，军人的笑容是如此的温暖。战友也好，教导员和营长也罢，在那帽檐下，那一张张刚毅的面孔都浮现出笑意。在一片温暖的包围之下，陈章浩默默闭上双眼，手臂加大了拥抱营长的力度。

总有很多事是始料不及的。当呜咽之声从簇拥着的人群中传出时，陈章浩再也无法克制自己的哭泣。战友们都不再强装着坚强，强忍着泪水，而是非常洒脱地爆发出痛哭。那晚，大家真的是哭了很久很久，直到全部的泪水都流尽。

两年的一切，像风一样离去。那些鲜活的面孔也在记忆里伴随时间渐渐隐去了，但曾经的感触、曾经的温暖都将永远封存在陈章浩心中。在除夕夜那晚之后，战友们便收拾好自己的行囊，上车的时候都会回头再望望曾经的营区。

现在，大家已经四散天涯了，如蒲公英般飘散，扎根在不同的土壤里，在不同的地方持家谋生。回归校园之后，陈章浩选择继续他的生活，那两年对于他就像是峥嵘岁月里的惊鸿一瞥，又像是一往情深时的那首军歌。可无论何时他都在认真地听着。

采访感悟

本次对退伍炮兵陈章浩同学的采访，从接触采访联系，到采访过程，再到最后的采访文章的编写，从对采访过程问题的思考，到根据问题发现新的问题，采访中的每一个过程时至今日仍历历在目。整个采访过程，加上老师关于修改的建议，让我懂得了很多道理。我懂得了，对待文章和采访必须认真，要精确到每一个字眼，对每一段文字、每一句话、每一个字，要不停地抠字眼直至精确；从采访的同学身上，我懂得了很多为人处世乃至对以后接触社会有用的道理。通过这样的活动，我收获了许多。

——周昱含　法学161班

寒风飘飘落叶
军队是一朵绿花
亲爱的战友你不要想家
军营是咱温暖的家
站岗值勤是保卫国家
风吹雨打都不怕
只因为肩负重任
只好把爱先放下
白云飘飘带去我的爱
军中绿花送给她

乐观求变化蝶　突破自我砺志

文：蒋　珊　指导老师：聂迎娉

人物瞄准镜

徐胜烨，女，1993年1月出生，籍贯浙江龙泉，2012年考入浙江大学宁波理工学院传媒设计学院学习。2013年9月应征入伍，成为一名通信兵。2015年9月退伍返校，就读环境艺术设计专业。在部队服役期间，参加师地面通信行业考核暨岗位练兵比武，获得第一名，两次获得“优秀士兵”称号。在大学期间，担任数媒162班班导师助理、学院青年志愿者协会会长、就业中心负责人、党支部宣传委员。获得浙江省第十五届大学生多媒体作品设计竞赛三等奖，校二等奖学金，宁波市“大学生励志标兵”、校“三好学生”“优秀团员”“志愿服务先进工作者”“优秀志愿者”“学生党员之星”、学院“十佳党员”等荣誉称号。

从2016级新生军训时对她的匆匆一瞥，到这次的近距离接触，乐观、自信、潇洒、大方是她带给我们最直接的感受，她就是来自环艺141班的徐胜烨。徐胜烨原为浙江大学宁波理工学院传媒设计学院数媒122班的学生，2013年她正式入伍，作为通信兵服役于北京西郊机场，担任地勤话务员，2015年结束两年军营生活后，又重新回到大学校园。

突破人设 寻求改变

大一的暑假，徐胜烨本应该按部就班，继续自己的大学学业和生活。可她却在这个时候选择了应征入伍，驶出人生的“舒适区”，为了理想，为了热血，为了人生更多的可能。人们似乎总是在不知不觉地遵守同一个秩序，根据年龄画出小格子，按着“人生时刻表”循序渐进。徐胜烨的选择在许多人看来是平凡生活里一个不小的变数，女生的身份又给她的这种选择平添了几分“木兰从军”的英雄气概。“直到最后一步政治审查前，都不断有人告诉我还有反悔的机会。”她告诉我们。可人生从来都不能因为性别、年纪而被禁锢、被限制，或许正是因为这份突破界限的勇气，因为疲惫生活里的英雄梦想，因为从不对人生设限，她走向了更奇妙的人和事。

乐观积极的明媚在退伍兵里是种稀缺品质，但在徐胜烨身上，我们总能看到明朗的笑容，乐观的生活态度，这是从内心散发出来的生命力。在采访前，我们准备了许多的问题，其中不乏“对未知的军营生活是否有担心”“大一结束后才选择征兵入伍是否会有顾虑”等在我们看来很大的难题。她却笑着告诉我们：“想做什么就去做了，当兵是从小的一个梦想。”有想法就去尝试的执行力实在是种难得的天赋，毕竟生活里并没有什么真正确信无疑的事，只有切实地追求着，才能获得更多的体验。

所以，究竟是作为一个温暾的存在，不过不失地度过这段时光，还是让一个接一个的惊雷炸响，一层层蜕变着去往远方？这很难给出具体的答案，也不存在一个正解。岔路口导向不同的选择，结局也无关对错，只有经历的不同。徐胜烨选择去完成年少时的梦想，走出生活的舒适区，感受截然不同的部队生活，获得更多的生活体验。在她看来，绕点路也没关系，经验比惊艳更重要。

于是在2013年的秋天，徐胜烨踏上了去往军营的火车，开始了她的军旅生涯。

磨砺意志 重塑自我

窗外是渐渐陌生的风景，向来心态极好的徐胜烨心里除了忐忑，更多的是对部队的好奇。部队这个符号，对于大多数人来说，更像是抽象化的概念：一支军队，一颗导弹，一群符号化的肌肉男。同样，徐胜烨对部队的期待也大多来自于加了英雄主义光环和干冰烟幕弹的影视剧作品。所以当她朝着营地近了一点、又近了一点的时候，对未知充满的是郑重的崇敬。到达营地的时候已经是傍晚，徐胜烨和同行的新兵迎来了“最好的一餐”——一盘炒鸡蛋，几个馒头配上一些小菜。进餐之后，她就被分配到一个班里，班里一共十个人。踏进班里的时候里面很是静默，周围那些比她早几天来的人，没有一个人说话，各自只是匆匆忙忙做着手头上的事。偶尔问个问题，也是匆匆的，得到声音极小且小心翼翼的回答。洗漱之后，班长简单地和她们交谈了几句，整理好行李就熄灯了。躺在硬硬的床板上，徐胜烨心里莫名生出一种与过去生活的疏远感。怀着忐忑和期待，她沉沉睡去，结束了军营生活的第一天。

第二天，徐胜烨就迎来了截然不同的新兵连生活。新兵们从早晨睁开眼睛就开始压被子、叠豆腐块，操练一天后晚上还要进行内务整理，偶尔半夜还会有紧急集合的警报。学会服从是部队教给她的第一课。一次集合时，因为一个小失误，整个连被罚蹲姿两小时。女孩子们咬着牙受罚，鼓着一股子气，硬挺着不肯服输。到最后双腿颤抖，几乎失去知觉，她们却大声地唱起了军歌，眼泪和汗水混着滴下来。那时候的她们像一股拧紧的绳，支撑她们的是一种叫作团结的力量。那是徐胜烨印象里为数不多的流泪场景。新兵连的生活极其规律而枯燥，几乎不给人喘气和思考的时间，而这种训练的方式正是对新兵们人格不断的打破和重塑，一个兵就是一支军队，一支军队即是一个兵。新兵营的训练，是对身体和精神的考验，虽然整个人处于极度疲累和高度紧张的状态，即使身体已经拉响了过耗的警报，但精神上的亢奋还是支撑她们度过了一天又一天。新兵只有经历了重重考验，方能浴火重生，成为一个真正的军人。

进入新兵连一个月之后，徐胜烨第一次拨通了家里的电话：“喂，爸爸，我挺好的，你们不用担心我。”与我们的想象完全不同，她没有哭，报了平安之后便挂了电话，许多同年的女兵甚至男兵都哭了，她却一滴眼泪也没有掉。当我们问她为什么没哭时，她笑着说："其实当时真的觉得没什么好哭的，觉得还是挺锻炼人、挺开心的吧，所以只要让家里人知道我平安就好了。"

徐胜烨所在连队的同年兵合影

两个月后，徐胜烨结束了新兵连的生活，六十多个不断重复的日子好似没有反应时间，像是偷偷使用了加速马达，伴随着飞机起飞时那种轻微的失重感，"咻"的一声便过去了。或许是好运总会眷顾努力的人，她很幸运地被分配到北京市空军部队服役，工作于北京西郊机场，担任地勤话务员。

跬步千里 化蛹成蝶

如果说在新兵连的生活是对身体的挑战，那么分配到连队的日子就是对精神的试炼和考验。徐胜烨作为地勤话务员所要负责的工作就是通信，除了要保持正常的作息之外，她的主要任务是背下几千个电话号码，并熟悉每个领导的声音，这样才能在电话打来的第一时间接起电话，辨认出是哪一位领导的声音，并把对方所需要的电话号码背出来告诉他。谈起这一段经历，徐胜烨告诉我们，她对数字不太敏感，一开始即使循序渐进，也要一天背一百个电话号码，并且不能有任何差错，第二天不光要背诵当天的任务，还要复习前一天的号码，背错了就要抄写和默写。而部队的号码又极其相似，几位数字的排列组合像个巨大漩涡，填满了徐胜烨的整个生活。在背诵号码之余，徐胜烨还必须在最短的时间内熟悉各个领导的声音，接起电话之后，是不可以询问对方“你是哪位”的，即使是刚开始工作的时候，也只能通过来电显示判断是哪个办公室的来电，可能是哪位领导打过来的。反复训练之后，她很快就能识别出不同的声音了。通信兵们还有特别的关于通信理论和技术的比赛，其中就有识别领导声音的项目。接电话还有一个特殊的要求就是要练习声音，声音必须好听，部队规定在接听电话的时候不能用自己本来的声音说话，必须要把嗓音憋细，掐着嗓子说话才行，对此，性格像男孩一样的她，适应了好长一段时间。“因为声音比较粗，不够好听，我还被投诉过一次呢。”胜烨分享了她作为话务员时的一件“尴尬”的趣事。

把上千个号码背下来之后，就要开始值班工作，每周值两次班，空余时间会被派去出公差。最开始的时候为了防止出错，她是跟着老兵一起值班的，熟悉之后就要独当一面了。值班的时间相对于训练来说，在体力上轻松很多，但也容不得糊弄，特别是晚上值班，即使是凌晨来的电话，也必须马上从睡梦中醒来，电话铃响不超过三声就必须接起，给来电人精准地提供所需要的信息。时间久了，这甚至成了一种条件反射。

有时候为了测试通信兵们是否时刻紧守岗位，上级还会特意在凌晨打电话过来。有一次，徐胜烨值晚班，凌晨三点左右，睡意正酣时，电话响了，响了一声之后她就弹坐起来接起了电话，其实当时她根本没有清醒，但她还是准确地听出了连长的声音，然后报给他所需要的号码，挂了电话就躺下继续睡。第二天起来的时候突然反应过来是不是接了个电话，一查来电记录，竟然真的是接到了连长的电话，还暗暗庆幸自己没犯错误。或许在很多人眼里，通信兵是个轻松的工作，但他们需要付出的努力、汗水和艰辛绝不少于其他兵种。

值班时间外，通信兵们还会被派去出公差。徐胜烨在部队里表现不错，又有绘画的特长，就常常被外派出去。最辛苦的一次出公差是被派去做墙绘，画的是一个雷达站放外机的院子的四面大墙。那个时候是夏天，天气炎热，基本上要在室外画上一天。墙绘不比其他绘画，要用专门的墙绘材料和工具，一上午下来衣服上都是颜料的斑斑点点，画得累极了，她就穿着沾满颜料的衣服蜷着身子睡一会，下午起来继续画。就这样，除了值班工作外，徐胜烨早出晚归，花了一个多月的时间才完成这个墙绘工作。

谈及这段经历对她的影响，徐胜烨想了一会儿，说："一年多的时间我只做了接电话和出公差两件事，但长久的枯燥生活和高压环境让我学会了和自己相处，学会了用最理性的思维审视自己的生活。"确实，自省是个难得的品质，在自我膨胀时回头反复咀嚼、刷新认知、总结经验，总能得到内心的理性。

2015年的秋天，徐胜烨选择退伍，结束了两年的部队生涯。

选择退伍之前，徐胜烨的家人曾劝说她留在部队，说她是通信兵，工作地又好，在许多人看来前途一片光明，更能免于承担社会压力，但徐胜烨却毅然决然地选择了退伍，继续上学，继续画画。她告诉我们："如果继续留在部队里，我大概知道自己未来两年、五年、甚至十年会是什么样子。"对如何活得成功这件事实在有太多定义，一帆风顺是成功，平安顺遂是成功，关于这个问题的讨论已经有太多人前赴后继，但对于徐胜烨来说，一成不变的生活实在缺了点想象力，少了点可能性，只要生活还有变化，就不算太差。

几套军装、几张照片、一些日用品，行李箱"咔啦"一声，两年的时间方方正正。而关于这个地方的笑和泪水、不舍与留恋也像是一枚晒斑，长久地留在皮肤上。

惊艳转变 无悔青春

2015年9月，徐胜烨回到了阔别两年的校园，从军人到学生的身份转变，多少让她有些措手不及。

面对生活脚步变缓、角色的变换，情绪和心态难免需要一个适应期。于是，她决定给自己放个小假，回老家陪父母，出去散心。回到学校后，在辅导员的建议下，她参加了学生社团，增加自己与同学的接触，使自己能快速地融入学生生活。在学妹的推荐下，她加入了女子篮球队，之后，她又参加竞选，并成功当选传媒艺术学院青协会会长。就这样，训练、工作与学习日益充实着徐胜烨的生活。

在生活的每一个阶段，徐胜烨总是勇于尝试，敢于挑战，扮演不同的角色，并热爱着每一个阶段的自己。2017年2月，徐胜烨作为班导师助理参加了2016级新生冬训。

徐胜烨参加2016级新生冬训

生活于她，是不断刷新的草稿，从来没有最终定稿，新的体验覆盖上旧的认知，隔一阵就反刍到嘴里回味一阵，累积的一点一滴都弥足珍贵。

采访中谈到两年参军生活对她最大的改变时，她说：“军人生活让我的态度变得坚定，心态放得沉稳，面对未来，我知道自己想要什么，我想继续画画，把它当成自己的职业……”在喧嚣繁杂的大环境下，要明确地找到自己的真实坐标，的确需要坚定的信念，即使个体的“信”与“力”实在微不足道，也该奋力冲杀，血不该冷。记得刘瑜[①]在写给她女儿的信里谈道：“我所理解的成功，是一个人对自己所做的事情有敬畏与热情。”其实所有活得纯粹又明白的人，都有这种简单的热忱，他们也许并没有得到普世价值里鹰击长空的成就，但就是让人特别羡慕。让自己心满意足，比得到别人认同难多了。军旅生活带给徐胜烨最大的财富，大概就是这股认准一个目标就拼杀的勇气，她不被他人的目光限制，心无旁骛地遵循着自己的选择。

退伍之后，徐胜烨常常会想起部队里的日子，想念着远方的战友们，即使细节随着时间剥落，珍藏着的记忆却刻在骨子里。当时在异乡的陪伴和扶持，成为与器官同在的永恒与不可否认。

“你是否曾经有过一秒后悔参军的想法？”

“没有。”

不期待永远年轻，但总想要有热泪盈眶的时刻。

采访感悟

这一次我有幸参加了学校组织的暑期社会实践活动——采访大学生退伍军人，我对接的是其中为数不多的通信兵，同时她也是个女兵———徐胜烨。从军训时的匆匆一瞥，再到这次采访的近距离接触，徐胜烨给我的印象从戎装加于身的帅气女军人，到日常生活中穿着白T恤和牛仔裤的普通大学生，除了她的一身英气之外又添了几分生动和活力。在采访之前，这些大学生退伍军人在我们眼中总有些距离感，接触了才发现他们也是开朗活泼、有趣生动的身边同学，与我们不同的是，从他们身上我们总能看到一些共同的特质：挺拔的身躯，坚韧的气质，以及一腔爱国的热血。通过这次采访，我了解了大学生退伍军

① 刘瑜，政治学者，代表作有《民主的细节》《送你一颗子弹》等。

人特殊的生活经历，受到他们的爱国精神的感染，更希望能通过我们的采访稿件，把他们的精神、思想传递给更多人。

——蒋　珊 金融163班

不爱红装爱武装　青春赤诚卫香港

文：丁赛峰　指导老师：刘　杰

人物瞄准镜

陆琪，女，1994年11月出生，籍贯浙江嘉兴，2013年考入浙江大学宁波理工学院网络与新媒体专业学习。2013年9月应征入伍，成为中国人民解放军驻香港部队（直属中央）的一名通信兵。2015年9月退伍返校，继续就读网络与新媒体专业。在部队服役期间，曾参加专业比武获得第一。在大学期间，担任学院文艺部干事。

有这样一个姑娘，在本该自由奔放的青春年华时选择了绿装从戎，选择了纪律与刚强；有这样一个姑娘，在本该花团锦簇的如歌岁月中选择了军旗猎猎，选择了责任与担当；有这样一个姑娘，她是宁波理工学院的一名大学生，更是守卫香港的飒飒女兵——她就是驻港部队退伍女兵陆琪。

青春应该有很多种活法

“当得知我要正式成为一名陆军通信兵的时候，可把我激动坏了。”坐在红椅上的陆琪回想起收到入伍通知书的场景显得格外激动。她告诉记者，决定去参军的时候她遭到了很多质疑，很多人不理解为什么她会做出这样的决定。从小到大她是老师和家长眼中的好学生，她成绩优异，各方面能力都特别强，做任何事情都格外认真。如果不当兵，在大学顺利完成学业，她也一定会有一个不错的未来，毕竟女孩子最宝贵的就是这段青春时光。

陆琪笑了笑，说她的想法其实非常简单，“就想去部队里好好锻炼自己。青春有很多种活法，应该大胆试一试”。当时她的高考成绩并不理想，来到宁波理工学院多少有些遗憾。一直处于迷茫期的她发现大学生在校期间还能报名参军，于是就让父母在网上报了名。然后一步一步通过体检、政审、各项测试，并最终顺利应征入伍，加上父母也非常支持，这一切就显得水到渠成。

不过她坦言，在收到通知的时候其实心中也五味杂陈，非常忐忑。有激动，因为身边还没有去当兵的女生，这很让人羡慕和敬佩；有紧张，因为听说部队训练很严格，担心自己过不去这道坎；又有点难过，即将离开大学，就要离开父母和亲人，有些不知所措。

以前的她对军营的所有想象都是建立在军事题材的电视剧的基础上，尤其是有段时间热播的《麻辣女兵》《士兵突击》等，让她感觉军人在部队就是执行任务，对军人的印象也仅限于“扛起枪很帅，穿起军装来都很飒”等视觉想象。“车子一进到营区整个人都变得有些紧张，一路上看到门口站岗的岗哨，出操的男兵，都一板一眼，立正敬礼。”当陆琪真正进入军营时，她第一次感觉到这个地方的神圣、庄严与肃穆。

对部队的第一印象让她打起十二分的精神投入到接下来的训练中。虽然训练非常人性化，但是对于一个女孩来说压力还是很大。当时她还偷偷和身边的战友说要逃跑。这虽然是句玩笑话，却也隐隐道出了她内心的沮丧。幸好当时的班长看出了她的忧虑，特意找她谈话，帮她解开心结，调整心态。坚持了一个月，她渐渐认识到身体上的苦不是一种煎熬，而是一种锻炼。每一次的训练虽然辛苦，但是一群新兵在一起也总是可以找到许多乐趣，女生之间都会互相调侃“谁的手臂变粗了”“谁的小腿充满了肌肉”，看似说笑，实则是对训练成果的肯定，因此她们每天都对自己充满了期待。

在部队待的时间越长就越想家，很多时候父母在离家在外的人眼中就是一份心灵的慰藉，陆琪也不例外。她说当兵的这两年她只哭过两次，一次是刚到深圳的教导团军营，给父母打第一通报平安的电话，班长拿着秒表说，每个人只有五分钟时间，听到父母在电话里说好好干，不要挂念家里的时候，她的眼泪就再也忍不住了，毕竟这是她第一次一个人离家这么远；第二次是她刚到香港的中环军营给家里打电话，三分钟的时间让她语无伦次，思念之情无以言表。她说当时脑海里浮现出了中国地图，心里想着香港到嘉兴的距离竟是那么遥远，对着电话就是一通哭。

都说当兵的人铮铮铁骨，轻易不掉泪，但是家人永远是他们心灵最脆弱的地方。也正是因为家人的支持、鼓励和她自身的强大意志与拼搏精神，陆琪在部队的两年中得到了磨炼，收获了成长。

东方之珠，我守护着你

1997年的那段历史是所有驻港部队官兵的荣耀：那一年7月1日，中国人民解放军驻香港部队陆海空三军官兵，从陆地、空中和海上进驻香港，履行防务。“我代表中国人民解放军驻香港部队接管军营，你们可以下岗，我们上岗！”驻军中校军官谭善爱洪亮的声音，作为铿锵誓言和庄严承诺响彻香港上空。20多年来，一批批驻港军人相聚在紫荆花下，不负重托，不辱使命，展示了解放军威武文明之师的良好形象，向党和人民交了一份合格答卷。陆琪说，能成为其中的一员她感到很骄傲，她要以青春赤诚守卫香港，守护这美丽的东方之珠。

在部队的两年是陆琪最辛苦也是最璀璨的两年。她回想参军前的自己，还是一个优柔寡断、胆怯、柔弱的人，但从部队回来后，她做事明显变得利落果断，计划性和目标性更强，执行力也有非常大的提高，这都是在部队中养成的好习惯。

以前觉得苦的事儿现在回想起来却是最甜的。陆琪说她刚到深圳一个多月的时候，遇到了全军正规化演习。因为要进行队列示范训练，于是全连开始了为期20天的强化练习。每天上午从8点开始站军姿，直到12点结束，中间只能休息10分钟。下午2点进行齐步走、跑步走等队列训练，直到6点结束，中间没有休息。当时全连队的人都精神抖擞地迎接这场挑战，大家都认为“没有规矩不成方圆”，只有高标准要求自己，才能成为一名素质过硬的军人。她们上午在操场站军姿，指导员拿着秒表，来回检查，一有松懈就取消休息。10月的深圳，天气仍然非常炎热，有时候站到眼前都模糊了仍坚持下去。期间也有战友晕倒，休息一会儿后又继续训练。陆琪说当时女兵都是穿高跟鞋进行跑动训练，一天下来脚底、脚趾头上不知磨出多少水泡，训练的强度可见一斑。时间长了，她们发现了用针穿过水泡留根线在里面就可以让它不化脓，而且第二天练习时脚也不会那么疼痛的秘诀。

那段时间天气炎热到在室外站十分钟衣裤就会全部湿透。由于时间紧张，训练强度太大，12天里她们没有一个人洗过澡。每个人都是白天一身汗，晚上换一身衣服，第二天继续拼命。说到这儿陆琪显得很不好意思。她说到最后结束这一场“战役”的时候，发现自己脚底的茧厚到可以用剪刀剪掉，而且没有一点知觉。但是当大家在全军比武中呈现出最完美、最整齐的队列的时候，她们觉得自己的努力得到了莫大的肯定，心里充满了欣喜。

虽然军事化的管理让很多新兵难以适应，高强度的训练让新兵们望而生畏，但是在这期间，她们也学会了苦中作乐。很多人都认为军营生活很枯燥，但是陆琪说，她们的生活其实也很丰富，平常休息的时候连队常常会组织文艺活动，还有一些篮球赛、电子竞技、唱歌比赛等。这些活动丰富了士兵们的日常生活，也让他们感受到了家的温暖。

有过单位调动经验的陆琪坦言道，香港中环营区是她的第二个故乡。中环是香港最繁华的地段之一，在中环军营执勤就像是站在国际舞台的聚光灯下守望着繁华。陆琪所在的营区是一个通信站单位，是所有通信单位的龙头业务指导站，而且是驻军机关所在的营区。对于陆琪来说，在香港中环营区的这一年多时间里，她的收获与成长是显著的。她说在那里的每一位官兵都各司其职，在各自的岗位上努力奋斗，他们遵循铁一般的纪律。在他们身上，陆琪理解了作为一名官兵所应有的自我修养。

她很庆幸两年服役的时光没有发生让她特别伤心的事，但是身边的战友却经历了亲人的离别。有一个战友刚到部队一个月，家里人就告诉她外公去世了，而且是她离开后的第二天走的。家里人选择不告诉她，想等她在部队安稳一些再说。但那位战友从小跟外公最亲，得知消息后她哭了整整一天，哭得整个眼睛都肿得睁不开了。后来她跟陆琪说，她外公不想让家里人告诉她，一定是希望她在部队好好干，而不是每天都那么难受。她说既然选择了部队，就肯定要失去一些东西，当下的她一定要好好把握住。“那时候自己能做的就是好好陪在战友身边，就像战友所说的，既然选择了远方就只顾风雨兼程。”陆琪并不后悔参军，即便是看到了身边因亲人去世不能归家而悲伤的战友，她也不曾后悔。她说既然选择了军营，穿上了一身军装，就准备好会失去一些东西。

说起这两年的收获，陆琪自豪地告诉记者，2014年她在部队里获得过嘉奖，这个奖项是专门评给业务素质过硬、生活作风优秀、个人能力强的士兵的。那时她是同年兵中业务最好的一个，每一次都是第一名，也是第一个有独立执勤能力的士兵。这让她感到很自豪。

另一方面，陆琪也坦言：“其实我们都明白部队里的东西都是带不走的，最后能带走的只是一张退伍证。在部队中获得的荣誉只是对当时的肯

陆琪退伍

定，而最后那张退伍证则是对自己这两年时光的宝贵见证。”她明白，未来的生活不能只停留在曾经的功勋上，而是要从中吸取力量，在将来更好地奋斗。

脱下绿色军装，笑迎五彩青春

两年时光说长不长，说短不短，对于陆琪来说那就是最好的一段青春了。从部队退伍回来，她又重新回到学校继续学业。返校后，她适应得非常快。“毕竟从一个相对艰苦的环境转而去适应一个较舒适的环境还是非常容易的。”她这样说道。但由于在部队两年里，按规定不能使用手机，同时也极少外出，这让陆琪对这个发展太快的信息时代一下子有些不适应，甚至刚回来时面对街上川流不息的人潮她都会不由自主地产生些许密集恐惧。但她还是积极地去融入学校，融入同学们的生活。她参加了许多学生社团，也交了许多朋友，让自己慢慢调整过来。

不仅是学业，她说在部队中自己感触最深的就是战友之间的情谊，在学校也希望能够收获这样的感情。陆琪现在还是经常回想起那时每天晚上熄灯后悄悄爬到她床上说悄悄话的那个湖北战友。那位战友是个特别乐观的人，经常讲好笑的故事逗陆琪开心，经常默默地帮陆琪打水、收衣服。陆琪坦言，很多时候就是因为这样一位好战友，自己才能挺过来。对陆琪而言，这是一段可遇而不可求的友情。但对她产生影响的其实远不止这一个人，在部队里遇到的许多人都对她产生了很大的影响，她们教会了她很多道理，做人的、做事的，每个人都是那么可爱。

在部队里拥有一份难忘的回忆是非常宝贵的，就像当时她们排练军歌《女兵》一样。当时女兵连是十一连，有120个女兵，到部队的第一天，连长就带领她们大声喊连队的口号“军中花木兰，看我十一连”。这首歌的歌词让她产生共鸣，让她认识到自己的价值追求，正像是毛主席曾经写过的那样：“飒爽英姿五尺枪，曙光初照演兵场。中华儿女多奇志，不爱红装爱武装。”

在接下来的日子里，陆琪说她想成为一名有责任感的人。她记得习主席说过一句鼓励青少年的话：“现在，青春是用来奋斗的；将来，青春是用来回忆的。”如果是在她当兵前听到了，她肯定会觉得这不过是一句好听的口号，但现在她却是发自内心地赞同。她喜欢看一档节目，名字叫《奇葩说》，其中有一期，有人提出一个调查，是关于一群老人的，在问到他们年轻时印象最深的事的时候，他们最常说的都是年轻时没能做成什么，而不是做成功了什么事。所以，青春理应就是拿来奋斗的，不然在人老去后，回忆青春，却发现，自己竟然从来没有好好奋斗过，想做的事情没有做过。他们有的想成为一名军人，但没有努力实现；有的想当一名音乐家，也没有努力实现。陆琪希望将来回忆自己的青春时，可以没有遗憾。

部队给予陆琪的最大财富是一群来自天南海北的战友，一段一辈子难以忘记的从军经历，一些难能可贵的为人处世的道理，和一些会影响她一生的优秀品格。

正如她所说的那样，“当兵后悔两年，不当兵后悔一辈子”，用这两年换一辈子的不遗憾，她认为是非常值的。所以她说，假如再选择一次，她一定会比第一次时更加坚定，哪怕是让她再选两次、三次，她也依然会选择参军。

是的，对于陆琪而言，她曾不遗余力地拼搏过，奋斗过。所以她可以很自豪地说：青春不息，奋斗不止。

采访感悟

其实每一次的社会实践都是对我们自身能力的提升和自我的成长。

通过这次活动，我对于“采、编、写”的工作有了更多的认识和理解，对那些曾经当过兵的学长学姐更加敬佩。就拿我的采访对象陆琪来说，一个女孩子能够下定决心去参军，对于她自己来说就是一件突破自我的事情。她告诉我，很多事情就是要逼一下自己才能知道自己的潜力有多大。就是这样，她凭着顽强的毅力坚持了这两年。其实我们做任何事情都需要这种勇气。汪国真说：“既然选择了远方，便只顾风雨兼程。”但这绝不是任何人都能够做到的。

通过这次社会实践，我看到这些学长学姐身上独一无二的闪光点。也正是这次社会实践，让我看到了我们大学生中不一样的一抹色彩。

——丁赛峰 新闻151班

麻辣女兵　忠诚以待

文：张宇伦 徐晟昱　指导老师：芦美丽

人物瞄准镜

史海伦，女，1992年4月出生，籍贯浙江慈溪，2011年考入浙江大学宁波理工学院生化学院，后转到英语专业学习。2012年12月应征入伍，成为西北地区某部队一名卫生兵。2014年12月退伍返校，就读英语专业。毕业后考入华东师范大学读研。在部队服役期间，获得“优秀士兵”称号。在大学期间，担任校团委学术部副部长，获二等奖学金、三好学生、党员之星等荣誉。

披肩的直发，脸上化着一点淡妆，穿黑色背带裤和球鞋，声音甜美，温柔又有活力，这是笔者对史海伦最初的印象。

2012年，史海伦离开校园踏入军营，两年的军旅生涯，让她成长为一名“优秀士兵”，2014年光荣退役后，她重回课堂，继续放飞梦想，顺利考上研究生。

心有所想　行有所向

2012年，史海伦20岁，大学二年级。那时刚从生化学院转到英语专业的她正铆足了劲儿，想着如何在学习上赶上身边的同学。和大多数同龄的女生一样，那个时候的她，爱玩，爱闹，生活愉快，却少了些对未来的规划和目标。

也正是那一年，电视剧《麻辣女兵》成了征兵季的热播剧。剧中英姿飒爽的女兵形象让人佩服不已，她们敏捷的身手、优良的作风，还有部队里各种惊险刺激的场面让史海伦在心中不由地燃起参军入伍的念头。“刚开始我以为自己是一时兴起，但最终我还是抑制不住这种强烈的参军想法，并把它告诉了父母。”她这样说道。起初，父母在听到她“疯狂”的想法后感到吃惊，并认为她肯定吃不了军营的苦，在父母眼里，从小有些娇气且任性的女儿与女兵的形象相差甚远。渐渐地，通过她和父母的多次深入交流，他们终于被女儿坚定的决心所打动，同意她入伍。

抱着试一试的心态，带着家人的支持，史海伦报名参加了征兵体检。很快，经过两轮体检后她顺利地收到了入伍通知书。“在我知道我真的要去当兵的时候，心里却突然有一点忐忑与复杂，一方面觉得割舍不下家人和朋友，另一方面又对部队生活充满了期待。”她向笔者这样描述当兵前的心情。

那年12月，伴随着憧憬和不舍，她登上了开往大西北的火车。三十多个小时的车程里，窗外的树木渐渐变矮，高楼慢慢变低，眼前的冬景从南方的优雅恬静逐渐变成北方的粗犷凛冽。虽然窗外天寒地冻，但车厢内的女兵们已慢慢从与家人离别的伤感中抽离出来，她们互相结识，为即将到来的军旅生涯打气

入伍时的史海伦

加油。在部队，大家把同一年参军的战友称为同年兵。与史海伦一同入伍的同年女兵一共有10个，这10个女兵都是来自宁波的在校大学生，不仅如此，她们还是所在炮兵旅历年来的第一批女兵。

下火车的那一刻，夜空中开始飘起了小雪，像是为这群女兵们的军旅生涯拉开了序幕，大家忍不住欢呼雀跃起来。她们不知道，与宁波这个滨海城市远隔半片华夏大地的这个西北小县城，将见证她们的蜕变。

绝不认输　挑战自我

影视剧中的军旅生活充满了精彩与梦幻。但当史海伦真正来到部队后，她才知道现实中的军营和影片中的其实有很大的差距。现实中的部队生活没有那么多轰轰烈烈的剧情，取而代之的是生活中的点滴细节。

“到达新兵连的第一天，班长没有立刻把我们带到训练场，而是让我们在室内学习整理内务，手把手地教我们如何把被子叠成豆腐块。”新兵连的日子充满了回忆。从那一天起，打扫内务卫生成了她两年军旅生涯中每天都不可缺少的一部分。“大家都认为自己原来已十分讲求整洁了，但部队内务标准的严格程度远超我们的想象，我们的标准也在这整齐划一的环境中不断提升。不知从什么时候开始，我会嫌地上的小纸屑碍眼，会不自觉地认为内务柜里没摆好的东西很乱，我想这就是部队在潜移默化中对我产生的影响吧，我也从这些小事中变得更认真、更仔细、更严谨。”

如果说打扫内务卫生培养了史海伦的细心和耐心，那么训练场上的摸爬滚打则塑造了她顽强和拼搏的精神。“北方的寒风和家乡的湿冷不同，吹在脸上是那么刺骨。我还清楚地记得第一次在训练场上练习爬战术时的情形。”当时的训练场由一块菜地改建而成，几次练习下来，泥土就沾满了她的全身，她的脸上布满了黑点。“我第一次练习卧倒动作时，由于没有很好地掌握动作要领，几乎是前半个身子整个朝着地面狠狠地摔了下去，滑稽的画面引得战友们都忍不住笑出声来，那时候只觉得窘迫与好玩，全然忘记了

身上的脏和累。”她笑着说道。训练场上，史海伦和战友们没有喊过一声苦和累，而是用幽默的方式相互鼓励。在泥堆里，在汗水中，在闲暇的欢声笑语中，她们开始成长。“即使遇到困难，我也不会抱怨，而是学着用乐观积极的心态去面对，并努力克服。”

入伍前，长跑一直都是史海伦的弱项。每次800米测试，她总是落在最后，徘徊在及格线边缘。刚到部队时，听说女兵体能测试要跑3000米，史海伦感到特别担心。“想着以前连800米都不能及格的我，现在还要在高原面对3000米的挑战，我真的可以做到吗？”那时的她，心里充满了忐忑与惶恐。但不服输的个性又让她重新拾起信心。“别人可以做到的，我相信我也一定可以做到！”她不断告诉自己。怀着一颗不服输的心，每次体能训练她都咬牙坚持，从不掉队。经过一段时间的训练，史海伦从刚训练时的最后几名排到了队伍的最前面，并在第二次测试中成功跑到了及格。在此后的训练中，她的长跑越练越好。“在这个进步的过程中，我打从心底里为自己感到骄傲，我想这就是坚持的力量吧。”她自豪地说道。

史海伦叠的被子

戎装在身　责任在心

新兵下连后，史海伦被分配到了卫生队，成为一名卫生员。部队的卫生员可不是专门打扫卫生的兵，而是部队的护士，是在部队中穿着白大褂服务基层官兵的白衣天使。

每年新兵下连后，卫生队都会组织医疗技术骨干对新来的卫生员进行为期两个月的集训。第一轮是医学知识理论培训，待理论考核通过后再进行实践操作，操作内容主要包括基本护理、打针、输液以及战伤急救等。理论知识的学习对经历过高考的史海伦来说不是大难题，她通过熟记、背诵等方法可以轻松掌握。相比之下，实践操作更具有挑战。打针和输液是卫生员最常在病号身上用到的技术，在真正扎针前她们需要经过无数次模拟实验，而实验的对象往往就是她们自己——先用细管子模拟手背上的血管，待在管子上扎针较为熟练后开始相互练习扎针。有些卫生员甚至会用自己的右手给左手扎针进行练习，从而亲身感受自己的手法的熟练程度。

第一次给真病号扎针时的情形仍令史海伦记忆犹新。“那天来的这位病号感冒多日，终于熬不住了才来输液，在我配完药推着治疗车来到输液室时，我的心里是慌乱的，因为我担心不能成功地给他输上液。我手持的针头刚进入他的皮肤，他的手背马上起了一个大包，我扎针失败了，因为针头没有顺利进入血管，药液流到了血管外边，手鼓了起来。病号没有说什么，但是嘴巴里发出了‘嗞’的一声，显然由于我的失误，他受苦了……”打那以后，史海伦认识到自己作为一名卫生员的责任重大，因为一旦自己操作不熟练或者粗心，就会给伤员们带去疼痛，并且延误治疗，于是她在心里暗下决心，要苦练扎针技术。

工作中，卫生队也会经常为一些随军家属看病。年轻力壮的部队官兵们由于经常锻炼，手上的血管非常明显，很容易找到血管。但来就诊的部队家属往往是一些年迈的老人或者年纪很小的孩子。老人的血管很明显但脆弱，容易穿针，小朋友的血管太细不好找，这两类病人都不容易扎针，所以在工作中需要护士练就特别熟练的技术。“经过反复练习，我的手法已经非常熟练，基本上能够一针成功。”于是，每当随军家属中有老人或者孩子来就诊时，班长总会指定史海伦去为他们服务。因为技术高超，战友们都笑称她为“史一针”。这个别样的称呼既是对她业务能力的肯定，也包含了浓浓的战

友情，每当想起这些，她的心里总是暖暖的。

除了卫生队的日常工作，每年部队还会组织野外训练和演习。在她当兵的第一年，部队来到青海格尔木进行高原寒区使命课题的演习，巍巍昆仑山下的戈壁滩上迎来了一抹迷彩。演习中，卫生兵需要冲上模拟战场抢救伤员，接送伤员时她们需要背着近10公斤的卫生背囊和装备，两个人用担架抬起重达七八十公斤的伤员送往急救帐篷，一趟下来便累得满头大汗，但任务一刻也不能停。几天下来，她原本光滑的手掌起了老茧，但她却没有叫一声苦，而是在心里高呼"这才有当兵的感觉！"就连军区首长来视察时也禁不住感叹："带着头盔的你们可一点也看不出是男兵还是女兵呀！"政委在一次全旅大会上对女兵说的一句话给她留下了深刻的印象："在部队，你首先是个军人，然后才是一个女人。"正因为如此，不论是在内务纪律上还是在训练场上，史海伦和男兵一样永远铆足干劲，不搞特殊化。

当兵期间，她因为刻苦训练，严于律己，被授予"优秀士兵嘉奖"等荣誉称号。对她来说，部队就是一个大熔炉，是一个改变人的地方。军营的生活虽苦，但越是艰苦的生活越能铸就一个人钢铁般的意志。可以说，两年的军旅生活不论对她的学习还是生活，都产生了很大影响，让她变得更能吃苦，更有担当。

史海伦在部队训练时的场景

也有一些有趣的经历。有一年冬天，她们去青海外训，因为海拔很高，水资源紧张，水车每天只送一次水，她们一个帐篷约10个人一天只能共用一桶水。那时天气很冷，水桶里的水都结冰了，她们用水前要先把冰砸破，然后再就着冰水刷牙洗脸，这让她印象十分深刻。还有一次，她们在草原上开展紧急疏散隐蔽训练，在草垛旁边隐蔽的时候，一群羊突然过来吃草。因为不能动，她们就只能趴在地上抬着头和羊群对视。“从来没有这么近地看过羊群，很有趣。”史海伦笑着说。

回归校园　再次起航

2014年，退伍后的史海伦回到了校园，继续她的大学生活。

然而，这个社会变得太快，刚退伍的她并不能很快适应。“刚回到校园，感觉自己笨笨呆呆的，有点跟不上节奏。”比如很多手机软件，同学们都会用，她却不会，显得很落后，她告诉记者，自己大约花了半年时间才真正重新适应军营外的生活。

退伍后，她在校园里遇到了很多令人尊敬的老师和可爱的朋友。学校里有一支主要由退伍士兵组建起来的学生团队，叫作治保会，在那里，有着相似经历的兵哥兵姐们聚在一起，或共同回忆军旅生活，或共同憧憬美好未来，感情好不融洽。而治保会的负责老师——叶卫树老师，更是在史海伦回校后的学习和生活中给了她无微不至的关心和温暖的鼓励，并在她后来的考研路上给予了很多指导。“此外，还有我新班级里的同学们，也在我的学习生活中给了我很大的帮助。”她充满感激地说道。

告别军旅生涯，少了令行禁止的禁锢，却不能缺少自我约束。在部队时，史海伦争做一名优秀士兵，回到学校，她继续争做一名优秀大学生。“再次回到大学的课堂，我有些回忆不起来以前我是如何学习的了，但当下的我却觉得既然来了，就该把课堂充分利用起来。”刚开始，她的学习并不那么顺利，作为一名英语专业的学生，在中断了两年的英语练习之后，学习让她感到很吃力。但在部队的经历使她有了不服输的意志，史海伦在心里暗下决心：一定要把学习抓上去。“我把学习当作这一阶段的重要任务，通过与任课老师和班里的尖子生的不断交流，我的成绩得到了显著提升，在学期末排名为年级第12名，并在大三获得了二等奖学金和三好学生的荣誉……”在这个过程中，史海伦从班里的帮扶对象成为帮助别人的人，她感到特别自豪。

2016年是史海伦的学习之年，她加入了考研大军，成为一名“考研党”。迎着朝霞出门，披星戴月而回是她的日常。整整一年里，她与各项课外活动绝缘，将考研教室作为战壕，用孤注一掷的决心和坚持到底的信念支撑着自己坚持走完考研之路。怀揣着一个教师梦，经过不懈的努力，史海伦顺利考取了华东师范大学学科教学（英语）专业。“该校2016年报考人数有407人，录取11人，报录比高达37：1，最终我以第九名的成绩被录取，我觉得自己特别幸运。”曾经有人跟史海伦说：天道不一定酬勤，但机会总是留给有准备的人。这一次，她抓住了机会，成为考研大军中的胜利者，也给自己的人生开启了另一扇充满惊喜与希望的大门。

毕业时的史海伦

难忘军旅 永不后悔

你问我什么是战士的生活
我送你一枚小弹壳
它曾经历过风雨的洗礼
也吹响过一支短歌
战士的生活就是这样
有苦有乐有声有色
战士的生活就是这样
有苦有乐有声有色

你问我什么是战士的性格
我送你一枚小弹壳
它会在祖国需要的时候
喷涌出那一腔烈火
战士的性格就是这样
有我无敌有敌无我
战士的性格就是这样
有我无敌有敌无我

你问我什么是战士的本色
我送你一枚小弹壳
它在战斗中惊天动地
却在胜利后保持沉默
战士的本色就是这样
无私奉献报效祖国
战士的本色就是这样

无私奉献报效祖国

《送你一枚小弹壳》是史海伦最喜欢的军歌之一。“就像歌词所唱的那样：战士的生活就是这样，有苦有乐，有声有色。环境带给我们苦痛，我们用意志去战胜它。”她这样评价自己对军营生活的感受。

“当我快承受不住体力上的挑战时我会感到心酸；当我通过努力获得他人的认可时我会感到甘甜；当我思念家乡亲友却久不得见时我会感到孤苦；当我在训练场上挥汗如雨时我会感到火辣。”访谈尾声，史海伦用酸、甜、苦、辣四个字概括了自己的军旅生活。

“经常有人问我：当兵苦不苦？我会回答：苦！但当有人问我：当兵后不后悔？我一定会回答：不后悔！”史海伦笑着复述在她身上经常发生的对话，“两年的时间可以做很多事情，但我却觉得只有在部队的这两年才让我学到最多。”

有英姿、有技术、有精神、有颜值，向最美的麻辣女兵史海伦致敬！

采访感悟

在这次《学子强军梦》的采访活动中，我们有幸采访到了史海伦学姐。我们第一次看到她的时候，就觉得她是很温柔的一个女生，她留着披肩的直发，脸上还化着一点淡妆。但在她温柔的外表下，却有一颗坚毅的内心。

一直以来，军旅生活在我们的印象中，都是严肃枯燥和痛苦的，在最爱玩的年纪里，却要进部队被管束，无论是肉体上还是精神上，都是一种压迫。但是在史海伦学姐的身上，我们却看到了她对当兵时期深切的怀恋。从医护小白到部队里有名的“史一针”，短短两年，她用自己的实际行动告诉我们人生有无限种可能，在部队里，她不仅成就了自己，也收获了友情。

当过兵的人，会觉得别人认为的苦没有那么苦，哪怕现在已经退伍了，她身上的戎装却不会脱下，坚持与自律，是她从骨子里透出的品性。

——张宇伦　徐晟昱　新闻161班

绽放在海岛的木兰花

文：郑青霞　指导老师：陈　鑫

人物瞄准镜

陆培培，女，1994年3月出生，籍贯浙江嘉善，2012年考入浙江大学宁波理工学院生物与化学工程学院化工与制药类专业学习。2013年9月应征入伍，成为海军潜艇部队的一名通信兵。2015年9月退伍返校，就读化学工程与工艺专业。在部队服役期间，参加2013年度新兵队列会操获第二名，2013年12月获训练基地女兵连嘉奖，2014年9月获海军潜艇某支队警通连嘉奖，2015年9月获海军潜艇某支队警通连“优秀士兵”称号。在大学期间，担任班级团支书，先后获得市第六届大学生田径运动会体质测试第一名、市第四届大学生化学学科创新技能大赛二等奖、省大学生物理创新竞赛三等奖，学校优秀学生一等奖学金、三好学生、优秀团干部，获得国家励志奖学金。

2013年9月27日，艳阳高照，陆培培坐上开启军营生活的绿皮火车，前往中国人民解放军某潜艇部队，开始了两年的军队之旅。

“海军摇篮”里的新兵

“紧急集合！限时一分钟！开始倒数！”陆培培刚睡熟就被战友叫起来，摸索着往楼下跑，然而还是超时两分半。“都超时了！你们先回去睡觉吧，今天晚上我会再让你们紧急集合的！”培培没想到，那天晚上连队里一共进行了十多次紧急集合，更没想到的是，每次紧急集合的要求还都不一样。“左手拿拖鞋，右手拿毛巾”“右手拿牙刷，左手拿脸盆”班长只说一遍要求。即使一直到凌晨三点左右才安稳睡着，第二天五点半她们还是要准时起床，照常训练。

新兵连训练之艰苦是可想而知的。除了紧急集合，日常的训练也十分考验人。站军姿，双手要紧贴裤缝，双腿夹紧，下颚微收，保持饱满的精、气、神。如果手没有贴紧，那就得被罚一只手平举，一只手下垂，保持这个动作两个小时。看电视时，把双手放在膝盖上，坐在凳子的三分之一处，眼睛要有神，不能打瞌睡，如果打瞌睡就和战友互掐。背诵条令条例，若有一个人背不出则全班罚站，蹲地背诵两个小时。在新兵连，大家都咬牙坚持，但在给家人打电话时都会忍不住哭出来。

新兵连训练场景

现实中的新兵连生活和想象中还是不一样的。陆培培在参军以前对于军营生活的了解，基本上来自电视上的镜头，站军姿、踢正步、跨立、敬礼，女兵们的发型是学生头。然而来到新兵连她才知道，所有女兵都是板寸头。除了日常军事操课，还有政治课。随着训练的开展，陆培培也逐渐适应了军队里的生活。最难熬的还是刚到部队的那几天，因为浙江省的出兵相对全国来说比较晚，别的省份的新兵已经投入训练半个月左右了，浙江的武装部才出兵，所以她刚来时，为了赶上训练进度，会比其他人累很多。“还记得中午刚到部队，向别人借了一个碗，随便吃了一点饭，就直接去训练了。后来部队里给每人发了一个洗漱杯、一支牙刷、一个脸盆、一床毛毯、一个枕头、一张席子和一床被子。晚上拿着这些家当，爬上四楼，在部队的电脑室睡觉。”陆培培回忆说，“刚去的时候有被现实打败了的感觉，甚至想自己为什么要来当兵。”

下连队之后，陆培培明白了，只有新兵连这一关过去了，自己才能够从一个普通大学生转变成一名合格的军人，没有经历过这样的锻炼，就难以飞跃。如果再给一次机会，她还是会毫不犹豫地坚持同样的选择。

部队里特殊的节假日

陆培培是浙江嘉兴的女孩，虽然家里的长辈没有当过兵，但父母希望她去感受一下军营的生活，锻炼自己。陆培培抓住这次参军的机会，决定突破自己，改变饭来张口、衣来伸手的习惯。当兵后，艰苦训练的军营生活让她的妹妹羡慕不已，她常常问姐姐，能不能寄一些子弹壳，或者画一下枪的模型。

新兵连严苛的训练，让所有的新兵都格外盼望节假日的到来，因为这是与亲人打电话的日子，陆培培也不例外。但部队的安排再一次摧毁了她们的期待。节假日需要部队加强战备——在节假日里敌人最有可能入侵，所以部队要随时待命。国庆期间陆培培所在的新兵连，一直训练到10月7日。

那是部队第一次允许新战士给家里人打电话，每个战士最多只能打十分钟电话，陆培培和多数人一样，还没说话就已经哭了。这一哭，却受到了班长的批评教育：“你们这样哭，太不懂事了，会让你们爸妈以为你们在部队里遭受了很大的苦。即使你们很累，也应该报喜，这样才能让父母放心。”听了班长的话，所有人都控制住自己的情绪，每个人都成长了。陆培培回忆说，部队里打电话都不允许超时，而班长会给每个班一共两小时的时间，落在每个人头上就十分钟。虽然大家都想多打一会儿，但必须考虑全局，有团队意识。

过了十一国庆，第二次过节就要等到元旦了。陆培培还清晰地记得2013年12月31日那天晚上的情景。新兵连训练结束后，她先被分配到海岛上，后又被安排去广东湛江学习通信专业知识。当晚，部队办了一个聚餐宴，吃完饭后，女兵都回宿舍了。当大家都入睡的时候，突然紧急集合，要求所有的新兵背上棉被、枕头、挎包，在操场上跑3000米，从2013年午夜跑到了2014年凌晨。陆培培说："那时候跑完3000米，每个人的心里都挺甜的。因为教导队的队长告诉我们，现在是过年，别人可能在庆祝和放烟花，而你们在训练中度过，你们是最可敬的人。看到你们现在的成长，我很为你们高兴。"

下连队以后，部队里的晚会也多了起来，八一建军节、七一建党节、跨年晚会……由于在偏远的海岛上，正规的军队表演艺术团到不了，支队里就自己组织晚会。担任主持人的经历也让培培印象深刻：主持要脱稿，还要经过多次彩排。正式演出的时候，部队首长和官兵在下面观看。陆培培说，刚开始主持自己还蛮紧张的，后来和其他战友讨论和交流，他们也传授了一些经验，自己就驾轻就熟了。互动抢红包的环节特别能活跃气氛，那个红包是

在部队晚会上担任主持人

真的红包，虽然数额不是很大，但大家的积极性特别高。还有撒糖的环节，战士们都很热情。军队生活，累并快乐着。

潜艇通信站的女士兵

在连队，陆培培的工作是在警通连担任话务员。这个工作需要背出支队里所有的电话号码，顺着背，倒着背，在看到一串电话号码时，需要立刻反应是谁的来电，接起电话的一刹那能立即叫出上级的姓氏。因为是军队，各个参谋部都有独特的号码。而电话也可以由地方上的通信设备打入，所以也要求话务员辨认区号和军队号。这项工作需要陆培培不断复习巩固电话号码，一天三班倒，一干就是一年半。最后她在连队里获得了“优秀士兵”的荣誉称号。

部队里的业余活动也是很丰富多彩的。陆培培说：晚饭后战友们可以在沙滩上散步。国庆节、过年时，连队里会组织表演活动。在军队里有一个乐队，里面有架子鼓之类的乐器。陆培培很喜欢音乐，也会弹古筝，所以经常去乐队，结交部队里的朋友。在军队里还有健身房，士兵们空闲时可以去那里健身。

说起岛上的生活，陆培培觉得当地的口味很重，但是食料丰富。对于一个不会吃辣的浙江姑娘而言，学会吃辣也是一种考验。在海边，湿气比较重，为了去湿，厨师会在每一个菜里都放上辣椒。另外，军队的菜里还有很多蒜头，可以增强军人的免疫力。岛上的食物很充沛，每餐都有水果、米、面，加八个菜，可以随意添加，只要不浪费。而且岛上海鲜丰富，她们可以尝到各种美味。

在岛上，陆培培尊敬的不仅仅有潜艇兵战士，还有一位军队的护士长。她的经历让陆培培对军人更加崇敬了。培培回忆道：在岛上有一家医院，那里有一位护士长，30岁左右，新疆人，曾就读于军医大学的护士专业。2009年时，这位护士长曾被选送去走方阵，参加国家大阅兵。按照当时“不成文的规定”，走过方阵的人可以优先选择工作地点。但让人意外的是护士长没有选择待遇好、交通方便的大城市，而是选择留在海岛。正是因为不计较个人利益得失的博大胸怀，她对这位护士长充满了尊敬与崇拜。“她给人一种大姐姐的感觉。散步时偶遇，就会和我们这批女兵聊起来，提醒我们生活起居上的注意事项。”不过让陆培培印象特别深的还是去她家吃饭的经历。“有一次她陪我去借军官服，借完后，已经过了饭点了。她就带我到她家，她亲自煮饭。我问她为什么不去单位食堂吃，她说已经很晚了，让那些炊事员另外煮，不太好意思。”

通信站的工作日常

回望海岛时的不舍

2015年9月，陆培培登上了回程的舰船，眼前是一望无际湛蓝色的大海，潜艇、雷达和熟悉的岛屿渐隐在地平线上，《女兵谣》还在轮船广播里悠悠回荡。“艰苦、隐忍、值得”是陆培培对于自己军队生活的总结。

重新踏入校园，陆培培迅速适应了大学的节奏，并继续留在化工专业学习。校园里有同学的陪伴，也有辅导员的鼓励。陆培培和专业辅导员结下了深厚的情谊。无论是大一军训时辅导员对她的鼓励，还是在部队里和辅导员的信件交流，都让陆培培十分感动。在大学里，陆培培通过自己的努力也获得了多项荣誉：如宁波市第六届大学生田径运动会体质测试第一名、宁波市第四届大学生化学学科创新技能大赛二等奖、2015年浙江省大学生物理创新竞赛三等奖……现在她还是班导师助理，是团支书，是学院的晚会主持人。

陆培培偶尔会在大学里回忆自己的军旅生涯，她说："在新兵连是最容易培养战友情的，大家同吃苦，同患难。现在回忆起来，会觉得那段时光特别值得。"还有新兵连的班长，训练时对他们要求十分严苛，但现在陆培培回想起来却理解了他的暴脾气，觉得正是这些下级服从上级的制度，才打造一支纪律严明、行动有素的人民军队。

现在的她还会和部队里的战友联系。"她们很多都留队了，大家打电话都会心有灵犀，知道彼此在做什么。"陆培培说，"在军营里也有一件很遗憾的事，就是在离开的时候没有向军旗告别，我们是九月份征兵，九月份退役，没有赶上十二月份的送军旗。记得退伍时，要把自己的士兵证变成退伍证，其实也挺不舍的。"

她说："我们要做自己想做的事，努力做好自己想做的事。"海风浪花中，一个青春女孩展开自信的笑颜，相信未来将会谱写新的诗篇。

采访感悟

陆培培是一个端庄、有气质的女生。在交流思想的过程中，我觉得她性情随和，对于每一个问题的回答，都特别诚恳。在军队里，她经历了很多，无论是艰苦训练的新兵连，还是任重于山的岛上工作，她都做到问心无愧，尽善尽美。我觉得我最佩服她的，是她在工作之余，还发挥自己的才华，为连队的黑板报刊出、联欢会承办，贡献自己的力量。

俗话说，"养兵千日，用兵一时"，现代国家的国防，需要前线的勘察部队，也需要陆培培这样的在部队里的通信人员。这些为保卫国家贡献青春力量的人，都是可敬可爱的人。

现在，陆培培回来了，回到了我们的身边，身着青衫的她，用自信的笑脸和拼搏的毅力准备考研，相信她会为青春交上一份满意的答卷。

——郑青霞 新闻151班

军营“假小子”的成长日记

文：周意洋 郑青霞 指导老师：芦美丽

人物瞄准镜

陈斯，女，1994年9月出生，籍贯福建，2012年考入浙江大学宁波理工学院土木建筑专业学习。2013年9月应征入伍，成为一名空军女兵。2015年10月退伍返校，就读传媒广告学专业。

一辆电瓶车在采访地点帅气地停下，一头利落短发的陈斯笑着从车上下来，就这样，我们翻开了“假小子”陈斯的军旅成长日记。

参军入伍，只因有一个“迷彩梦”

《十八岁》那年，
怀揣着《绿军装的梦》，
哼着《军营民谣》，
伴随着《军队节奏》，
接受《神圣使命》，
立志《保家卫国》！

在多数人眼中，入伍参军距离女生很遥远，可陈斯却不这么认为。虽是一名女生，她却同样拥有一个“迷彩梦”。因为舅舅是一名维和部队军人，经常去世界各地执行任务，从小深受舅舅影响的她，也一直向往部队生活。也许是与生俱来的一种军营情怀，特别是对女兵军旅生活的好奇和期待，在看到征兵宣传后，她毅然决然地报名参军了。陈斯说：“不知道哪来的勇

"假小子"陈斯与机车的帅气合照

气，从报名、面试、体检，政审，一路走过来，也没有什么特别惧怕。"

那一年秋天，18岁的她，剪掉一头长发，穿上蓝色军装，告别父母，戴上厚重的大棉帽，携着青春的风华，开启了另一种人生。在那里，她要学会叠方块的被子、摆直线的杯子、吃百人的大锅菜、穿很厚的大棉袄、睡一层薄褥的硬床板、盖一床白床单、走0.75米的齐步，摆45° 的手臂、跑负重几十斤的三公里、站笔直的军姿……

初入军营，品味酸甜苦辣百味

依稀记着《当兵的那一天》，
临走时妈妈那惜别的泪眼，
和那浓得化不开的亲情。
《妈妈，你不要哭》，
《当兵的男儿走四方》，
《军旅年华》会让孩儿慢慢长大，
《等我凯旋》，
《当个英雄》，
一定《报答妈妈》！

刚到新兵连，部队要求将带的零食、防晒霜、便装、手机等所有和军用品无关的物品全部上交，直到三个月新兵训练结束再归还。于是，陈斯“漫长”的新兵生活在没有手机中度过。平常，和家人的联系也只能通过书信进行。当第一次可以去军人服务社和家人打电话的时候，她最终还是情绪泛滥地红了眼。短短五分钟的通话时间，爷爷、奶奶、爸爸、妈妈轮流接听。因为怕违反部队纪律，她一边打电话，一边看手机，生怕超出了时间。好不容易熬到新兵营家长开放日，陈斯的父母去部队看她，她努力忍住不哭，等探望结束时，她终于还是没忍住，和一群同年兵手拉着手哭花了脸。

新兵不能收快递，可家里不知道部队的规定。一次，父母给她寄了一个大包裹，里面有父亲给她新买的一块表、一封家书以及好多她爱吃的零食。家书抵万金。为了看到那封家书她做了500个深蹲，为了拿到包裹她被罚跑训练场30圈。“那一夜班长陪我跑了30圈，跑不动的时候，班长就在身边鼓励我坚持下去，那天，我们一起奔跑着、大汗淋漓着……直到现在，每次跑步的时候我都会想起我的班长。”陈斯笑着说道。

回忆新兵营的生活，让她印象最深刻的是八个字“团结、紧张、严肃、活泼”。新兵连里处处都是严格的纪律、艰苦的训练、清苦的生活。起床、叠被子、跑步；早饭、队列训练、午饭；午休、队列训练、体能训练、晚饭；看新闻、晚点名、条例学习、洗漱就寝……面对新兵营繁重的训练，她有过不解，觉得有些训练差不多就可以了，班长的要求实在太过严格，但现在回想起来，她才发现那段时光是她成长最快的日子。

坚守岗位，我是一名军队“历史”的记录员

《在军旗下》，
《班长把哨位交给我》，
告诉我：
《当祖国召唤的时候》，
《战士就该上战场》，

哪怕《枪林弹雨》，

也要《坚决打胜仗》！

三个月的新兵训练结束后，陈斯和其他几个女兵被分配到了各自的岗位。

作为空军的一员，她先后被安排为话务员、机务员、程控员、跳伞兵，经过多次“辗转”，最终她成为一名空军“历史”记录员，负责保密室保密文件管理登记等事务。

她的工作内容是枯燥单调的，如果没有细心、耐心、纪律性和敏感性，很容易犯错误。“觉得枯燥的时候总会想起新兵营练习叠被子的日子，每天很早起床叠豆腐块军被，压被子、叠被子、整被子，这是一件非常枯燥的事，一次次地叠好、打开、再叠……叠着叠着一个人的耐心就被叠出来了。”在和平年代，一个士兵内务的好坏，是判断他战斗力高低的重要依据；而能否静下心来时刻保持细心与机敏，是判断一名军队档案员优劣的重要标准。那段时光，从生活习惯，到言行举止，到性格脾气，再到心态思维，她都改变了很多。

有时，她也会思念家人。思念到极致的时候，她会给家里写信，将思念倾诉于笔端，然后在盼望中拆信、阅读。“爷爷总会给我寄来挂号信，那时候他老人家最担心的就是路途遥远，信件被寄丢……”在通信中她与家的联结更深了。

参加军队文艺表演

在军旅生活中，爱国主义教育是必不可少的。陈斯说，她们每天都会看新闻联播，做新闻评述，写思想报告。有时也会开展部队条令条例的学习，参加军人大会和政治教育。

虽然军旅生活是艰苦的，但也会有轻松的时候。比如，俱乐部组织看电影、游园，过节的时候举办唱歌、跳舞、联谊等活动，有时还会开展朗诵、篮球等比赛，观看空政文工团的慰问演出等。偶尔，陈斯会去她自己的“秘密花园”——顶楼的天台坐着晒太阳，呼吸清新的空气，放空自己。她的业余生活很简单，当同龄人在尽情享受青春时，她把青春里最美好、最有活力的时光，给了身上的蓝色军装，军装承载了她青春的梦想、花季的烂漫、年少的轻狂和对亲情的牵挂。

回忆点滴，那些难忘的人与事

《战友，还记得吗？》
《当兵的日子》里，
班长常常给我们讲，
红军《过雪山草地》的故事，
听到《突破封锁线》，
我们不禁《打起手鼓唱起歌》。

部队中让她印象最深刻的一件事，莫过于快下连时的半夜紧急集合。“那时候还是半夜，熟睡的我们听到紧急集合的哨声，不得不从床上蹦起来，然后在睡意蒙眬中穿衣、穿作战靴、戴帽、扎武装带、背上自己的被褥和脸盆，争先恐后地跑出去……”那天凌晨集合哨声响起，除了迅速穿戴完毕，还需要将军被、脸盆等生活必需品打包。因为是第一次演习，那天的效果并不是特别的好，好多战友还没跑到楼下，背包就散了，可想而知，她们被罚得很惨。“大家举着被子，绕操场跑了10圈，回到连队教室后，又被罚做了很久的深蹲，折腾了几个小时。”说到那次惩罚，陈斯还心有余悸。

“就在大家都筋疲力尽的时候，突然灯光全黑了，班长从门口推进来一个大蛋糕，宣布要过集体生日，那天晚上，好多人都哭了，脸上交织着汗水和泪水。这种先苦后甜的经历，的确让人印象深刻。”

部队是个大家庭，战友来自四面八方、五湖四海。从素不相识到同吃一锅饭、同住一间房、同站一班岗，一起摸爬滚打，心连心、同呼吸、共命运，度过青春中最美好的时光。“在军营，你会结识一群肯为你挡子弹、真心为你好的战友。她们陪我走过了人生中最难忘的时光。生命，因为有了当兵的经历而显得厚重；青春，因为有了当兵的难忘时光更值得铭记。”说起在部队让她印象最深刻的人，她想起了两个人：睡在她上铺的同年兵和班长。

陈斯和她的战友们

谈到这个同年兵，陈斯的脸上浮起一丝微笑：“因为是同年入伍，班长把我们分在了一个小组，从此以后，我和她就绑定在一起了，同甘共苦，互相照顾。记得有一次我很久没剪头发，她就突发奇想帮我理发，找张报纸挖个洞，套在我的脖子上，然后她就咔嚓咔嚓帮我剪了。这种情景，现在回想起来特别怀念，这样的感情纯粹而美好。”18岁那年，陈斯和这个同年兵一同踏上开往武汉的绿皮火车，她们在寒冷的新兵连抱团取暖，在森严枯燥的连队里同挨训共被罚，在退伍分别时相拥痛哭，她们一同成长蜕变，然后将对彼此的挂念融入血脉。“退伍后，她去国外继续深造，虽然已经分别，但是我的脑海里一直都会有关于她的记忆。”

谈起班长，陈斯用了“爱恨交织”来形容。“军营中的很多第一次都是在班长的陪伴下完成的，第一次和战友一起过集体生日，第一次练习枪支分解和组合，第一次打军体拳，第一次练匕首术。”刚进军营时，陈斯脾气倔强，行事比较特立独行。班长为了让她更好地融入军队要求绝对服从的环境，投入了很多精力。通过一次又一次的谈心，陈斯发生了很大的变化。“我的班长是不会让新兵帮她洗衣服的班长，一次一个同年兵不舒服，班长带她去挂号拿药，我就主动帮班长洗了军装和迷彩鞋，那是我第一次帮别人洗衣物，班长回来很感动，那件小事一直被她记着，以至于我快退伍的时候她在写给我信里仍在提及。”谈到军营、谈到战友，陈斯陷入了深深的回忆，“有一句话真的说得很有道理，你回忆起来最幸福、印象最深的往往是你过得最苦的时候。新兵连的生活很苦，但现在回忆起来却是最幸福、记忆最深刻的。”

重返校园，怀着导演梦砥砺前行

这一天你我背上沉重的行囊，
奔向属于我们的远方。
战友不要哭泣，
多年之后我们定会再见。
梦想已经起航，
不要害怕，
路一直在前方！

两年的军营生活是那么短暂。“写退伍申请书，开军人大会，举行军旗告别仪式，参谋长为我卸下军衔并戴上光荣退伍的大红花，然后和退伍军人一起合影留念。”退伍时的那些细节还历历在目，记忆犹新。“那些不舍的思绪、离别的伤感，还未离开便已喷涌而出，多希望时间可以再多停留几秒……”第一次紧急集合时的狼狈、第一次实弹射击时的兴奋、第一次答“到”时的响亮、第一次下连授衔时的自豪、第一次执行任务时的紧张，那些在陈斯脑海里留存的欢笑和泪水，都化为美好的回忆，在她退伍的那一刻，不断敲击着她内心最柔软的地方。

谈到军旅生活带给自己的变化，她用练习军歌的难忘经历来表达。记得刚去部队时，大家一起学唱《我是一个兵》，当时她的声音很轻。班长罚她去天台唱这首歌一百遍，直至声音变得响亮有自信。通过两年的锻炼，她变得更加自信、开朗和耐心，学会了团队协作和不轻易言败，集体荣誉感也变得更加强烈。因为在新兵营里经历了很多第一次，她也学会了勇于挑战未知。“从没后悔曾经选择去当兵！”她的语气坚定而自豪。

“充实、蓝色、方块加直线”是陈斯对两年军营生活的概括，蓝色是空军蓝的颜色，是她一直向往着的天空和自由飞翔，方块是她们日常训练的方阵，直线是她每天战备执勤走过的路。

入伍参军仿佛还是昨天的事情，但军营生活已与她渐行渐远，新的生活画卷正在她面前展开。回到校园后，她从土木建筑专业转到了传媒广告学专业。谈及对未来的规划，她说：“一直以来我其实有一个关于影视的导演梦，特别想拍一部电影，或许不是现在，也许是不远的未来。”从她自信的讲述中，我们看到了她拼命不服输的劲头和敢于挑战自我的精神，“假小子”的成长还在继续，敬请期待她更加精彩的人生。

采访感悟

说起来，世界真的很小，就在和陈斯约好采访的前两个礼拜吧，我在学校食堂二楼吃饭。当时周围人很少，我正埋头和米线“做斗争”，眼前一道阴影，一个不认识的学姐向我询问是否可以借用一下校园网，在这个过程中，我特别惊喜地发现，原来她就是我的采访对象。对她的第一印象就是很帅气，为人也特别真诚，在之后的采访中，对她有了更深入的了解，知道了她从小的军人梦，知道了她的责任感与担当，明白了她对自由的向往与追求，也理解了一些她的遗憾与不甘，在这个过程中，我对于军人的印象也有了很大的改观。

——周意洋　中美金融161班

听吧，新征程号角吹响，
强军目标召唤在前方，
国要强，我们就要担当，
战旗上写满铁血荣光，
将士们，听党指挥，
能打胜仗，作风优良，
不惧强敌，敢较量，
为祖国决胜疆场。

默守海岛履忠诚　乘风破浪塑军魂

文：陈勉璇　王佳颖　指导老师：聂迎娉

人物瞄准镜

章筠翊，男，1992年3月出生，籍贯安徽太湖，2010年考入浙江大学宁波理工学院信息管理与信息系统专业学习。2013年9月应征入伍，成为东南地区某部队一名陆军士兵。2015年9月退伍返校，继续就读信息管理与信息系统专业。在部队服役期间，参加演讲比赛，获得第一名，担任营饭堂广播站站长，年底获得“优秀士兵”称号。在大学期间，担任班级组织委员。

皮肤黝黑，从发达的小腿肌肉可以推断出曾在军营里进行过大量爆发性的运动，身体因为长期的锻炼强壮且结实，脸型是棱角分明的阳刚样子，走起路来有着军人特有的挺拔身姿，午后的阳光斜射在他古铜色的脸上，闪现出点点活力般的光，显得神采奕奕。灰色短袖、七分裤，搭配一双休闲鞋，简单的装扮，给人阳光、平和又很舒服的感觉。两小时的访谈结束后，在即将分别的路上，他有一搭没一搭地和我们讲述着军营里的小趣事，脚步平稳又轻快。

他曾是陆军里的一名步兵，服役两年，他，叫章筠翊。

义无反顾踏上征兵路

章筠翊是大三结束快要大四的时候选择进部队的，出发点竟是因为“逃避”。和许多男生一样，章筠翊大学的课余时间并没有被合理安排，大三暑假前夕，当周围的同学开始谈论实习、面试、找工作时，他才猛然感到措手不及。面临毕业，他压根就没有做好步入社会的准备。于是，他便想要在学校的最后一年里让自己得到历练，但一年的时间终究太短，恰逢征兵季，他就想着应征入伍，一方面给自己另一种生活体验，另一方面也算是找到了一个延缓进入社会的机会。他知道部队生活一定很辛苦，但觉得能得到锻炼也是一件好事。于是，在家人的支持下，他踏上了离家的大巴车。

入伍那天他是清晨起的床，天还没有亮透，还悠悠地笼罩着些许夜色中的黑，折射着难以言喻的离愁别绪。章筠翊在家里换好军装，戴上大红花，赶去人民武装部门口坐大巴车。赶到的时候人武部门口已经有很多身着军装、佩戴红花的新兵战友，现场挤满了送行的家人，弥漫着离别的忧伤。有的家长已经开始话中带泪。最令人伤感的场景莫过于大巴发车的时候，车外家人离别的呼喊声同车内战友的应和声盖过了发动机的轰鸣，陆续有人落下泪来，车已开出许久，仍能听到轻微的啜泣声，毕竟，这是一次长达两年的分别。

那天章筠翊没有忍住眼泪，他在车上哭了。我们平时都说男儿有泪不轻弹，只是未到伤心处，一朝分别，两年无法与家人相见，想念是人之常情。

到新兵营后，新兵训练立刻开始，章筠翊必须面对似乎是永无休止的早起和体能训练。一开始他很不适应，甚至觉得自己的人生观都崩塌了，想逃离却又没有退路。跟他一样不适应军营生活的战友很多，那段时间，因为训练不努力，工作完成得不够好，又或是偷懒耍滑等而被惩罚的同伴特别多。但是，逃离的念头立刻被他自己扼杀在了内心深处。

班长在这个问题上颇有心得。新兵营开练后，他每晚都会找一个人聊天，了解新兵的思想动态，但即使是这种夜聊也与体能训练同步进行，边做俯卧撑边谈话。在动作不标准就重新来过的反复之中，有时一个晚上要连续做上半小时的俯卧撑。班长的关心就像沙漠上的一片绿洲，让他们体会到家的温暖，鼓励他们不忘初心，继续前行，也帮助他们更快适应军人的角色。部队的训练生活比他想象中还要辛苦，甚至感到无法坚持。有极个别人没过多久就选择了打道回府，但章筠翊不愿意，他不喜欢软弱，他立志一定要坚持在部队里过完这两年，并且不是得过且过。

部队队列训练

回首往昔峥嵘岁月稠

2013年10月7日，受台风“菲特”影响，浙江余姚遭遇了新中国成立以来最严重的水灾，雨情大、水情险、灾情重、范围广。全市21个乡镇、街道均受灾，70%以上城区受淹，主城区城市交通瘫痪，大部分住宅小区低层进水，进水导致部分变电所、水厂、通信设备障碍，供电、供水出现困难，主城区全线停水、停电，商贸业损失严重，受灾人口达832870人。

章筠翊所在营收到上级下达的命令，赶往灾区现场施救。洪水肆虐过后的街道淤泥堆积，路面毁坏严重，垃圾随处可见。入伍仅一个月的章筠翊被分配了负责清扫大街上的淤泥、断树、碎石和垃圾的工作。官兵来到灾区现场后，余姚当地居民非常热情，他们准备了蛋炒饭、泡面供官兵充饥，在任务即将完成时还买了上百个包子送到现场。章筠翊和他的战友们全被感动了，那一刻他为自己身为一个军人而感到无比骄傲。任务完成后，他们身上的军装已被汗水浸透，疲惫的他们在返程的车上还没来得及换下湿漉漉的军装便躺在地上呼呼大睡。

这些经历是他在学生时代从未有过的。和在学校上课相比，这些经历平添了几分辛苦。但是，在部队他也有和学生时代类似的经历，那就是参加新兵演讲比赛。新兵刚入伍时，为了丰富军营生活，新兵营举办了一个演讲比赛，没有任何演讲经验的章筠翊选择了勇敢一试，结果不仅在所在连队拿了奖，最后还代表连队去营里参加比赛，拿了一等奖。部队的生活比想象中还要更丰富精彩一些。章筠翊在部队的很多夜晚是在图书馆度过的，图书馆经常是一座难求。他在这两年时间里看了不少书，文笔也得到了提升。

让章筠翊印象最深刻的是担任食堂播报员的经历。食堂播报员负责在用餐时间段播报当天的新闻和一些趣事。因为演讲比赛获奖，指导员便安排章筠翊尝试播报工作，试播了一次，反响热烈，于是他便成了食堂播报员。在不训练的时候，大家都在休息和放松，他却要抽出一两个小时准备播报稿。但他并没有任何抱怨。后来，章筠翊担任了饭堂广播站站长，负责所在营饭堂的广播工作。最后一次播报的时候，主题是别离，他连稿子都没有准备，直接通过食堂播报这个平台，诉说着他对部队生活的感谢和想对大家说的话。结束之后他去食堂吃饭，所有人都在为他鼓掌，掌声不断且非常热烈。

参加演讲比赛

乘风破浪登山建通信

章筠翊所在的营是师直通信营，具备全师最高水平的通信保障技术，常规任务就是执行地域网通信保障工作。一年夏天，章筠翊所在营队演习保障任务，在某海岛建立地域网通信网络，确保师辖各单位的通信畅通。

该岛是章筠翊去过的最偏远的地方。该岛呈狭长的S形，两端高耸稍宽，中部低窄。岛上峰岭起伏，坡势陡峻，大多由火山凝灰岩构成。

那次演习任务的通信卫星保障任务是要与另外一座岛屿的卫星箱式站建立通信，为师部提供卫星电话与视频通信的功能服务，确保在规定时间内，完成对敌方的空中击破任务。章筠翊和另外一个人负责把卫星箱式站搬运到岛上某高地。在崎岖难走的山路上，他们一人拿着几十公斤重的卫星箱式站的一只“耳朵”在山路上走走停停，全程用时2小时。

蓦然回首军装绿已去

章筠翊刚进部队时，从来没有想过自己有一天会如此舍不得离开，更谈不上因此而流泪。直至军衔卸下，他才深感内心的不舍与留念。刚退伍那段时间，他还保持着部队的作息时间，每天早上到了五点钟便已醒来。

白天空暇时，他经常会想，如果还在部队，他现在会在干什么？有时候一件不经意间发生的小事都会让他以为自己还在部队，例如看军事新闻、军营类电视剧、听到部队的口令、听到军歌等。那些岁月确实辛苦，但他却真的怀念，想起来甚至还觉得甜。

2016年6月章筠翊完成了本科学业。在学位授予仪式上，他在朋友圈发出了“如果在授予学位时放《驼铃》这首歌，我想我应该会流泪”这样的文字。《驼铃》这样唱道：“战友啊战友，亲爱的弟兄，待到春风传佳讯，我们再相逢。”我觉得那一刻的章筠翊一定又开始想念他的战友们了。

《驼铃》是一首每个参过军的人都终生难忘的歌，无关歌词，无关曲谱，关乎这首歌经常响起的场合——它是老兵退伍的背景音乐。所以一听到这首歌，他就会回忆起在部队经历的点滴过往，就能清晰地感受到离开部队时心中的五味杂陈。章筠翊说，这首歌是开启回忆大门的钥匙。军人的泪，只会在这个场合肆无忌惮地喷涌而出——一群大男人哭得像个小孩子，因为这不仅仅是分离，这还是他们军人生涯的句号。从此刻起，他只能说，他曾经是一名军人。采访结束后，我对军人这个词有了另外一种理解，比从前更神圣。

章筠翊现在做着一份老板助理的工作。很多人都觉得这份工作很辛苦，但他并不这样认为。他告诉我们原因时有些自豪，他说，总觉得在部队的那段日子已经吃完了他这辈子最苦的苦，所以现在所遇到的所有苦都不觉得苦了。

参军给章筠翊带来了四点影响：第一，锻炼了身体。军旅生涯的体能训练强健了他的体魄。第二，挖掘了潜力。许多从前无法胜任的事情因为这段经历变成了可能。第三，思考了人生的意义。人活着应该自己去奋斗而不是一味寻找依靠，做啃老族。第四，认识了一群很好的战友。革命友谊的纯洁奇妙，没有体会过的人是无法感同身受的。尝试、坚持、能吃苦，这三种品质是两年参军之旅送给章筠翊的礼物。

最后，章筠翊告诉我们，当兵是在为别人的幸福奋斗。就像如果你对科技感兴趣，就努力学习科技方面的知识，为国家科技事业做出自己的贡献；如果你对经济感兴趣，就努力学习经济方面的知识，为国家的经济发展做出自己的贡献……人不能自私，当你把集体的荣誉放在第一位的时候，你得到的东西会比想象的多。

采访感悟

采访完退伍学生之后，我感慨良多。我之前一直以为军队的生活应该是枯燥的、刻板的、一成不变的，在与退伍学生交流之后才发现原来不是这样的。原来军队里面也有文娱活动，也有演讲比赛，也有野外拉练……原来军队生活如此丰富多彩。

军队一直是严肃与纪律的代名词。不过军队中并不只存在严肃和纪律。战友情、兄弟情和责任感、荣誉感才是军队真正的主旋律。在采访中我和我的小伙伴了解到，军队里除

了汗水与泪水，也存在不少有趣的瞬间，譬如野外参训时被蚊子咬的狼狈，还有为连队争光后的快乐。总而言之，军队是每一个年轻人都值得去的地方。

——陈勉璇　广告161班；王佳颖　法学161班

红船上走来的消防员

文：徐昕瑶　楼江峰　指导老师：柯乐乐

人物瞄准镜

杨城，男，1995年9月出生，籍贯浙江嵊州，2014年考入浙江大学宁波理工学院电子商务专业学习。2014年9月应征入伍，成为一名消防兵，2016年9月退伍返校，就读电子商务专业。在部队服役期间，参加过第二次世界互联网大会以及G20杭州峰会的安保工作，获得“优秀士兵”称号。

2014年的9月，夏秋之分，对很多人来说那不过是暑假的尾巴，他们或许还在暑气的余热里慵懒地翻着身，又或是抱怨着匆匆开始了新学期。2014年的9月，杨城十九岁，他结束了高考，对未来充满憧憬，心心念念地梦想参军。

军人梦：坚守与追求

“军人”这个词，兴许对所有男生而言都是一个诱惑：肩章袖章熠熠生辉，橄榄绿的衣领棱角分明，裤管笔挺，站姿挺拔，巍然如松。“军人”这个词包裹着太多的血汗和荣耀，以至于将它磨砺出了钢铁的色泽。肩负起保家卫国和为人民服务的重任，不浪费自己的青春，挥洒汗水、实现伟大抱负，这该是每个怀揣雄心壮志的少年都有的向往，杨城自然也不例外。

所以，当杨城知道自己被批准入伍的时候，他的心情欢欣雀跃，家人也被他的激动所感染——家里要出个军人了！这是多么荣耀的事啊。但不同

于他的喜悦，老一辈的人总会有或多或少的忧虑，爷爷奶奶怜惜孙子，不舍得放他去受苦。可家人的担忧并不会改变杨城坚定的心：自己将成为一名军人，一名保家卫国、铁骨铮铮，荣耀和责任同等沉重的军人。在期待与激动中，入伍的日子越来越近。可同时，这也意味着，家人、朋友、往日的熟悉生活将离自己越来越远。杨城心里有些不舍，其中又带着一点隐隐的对未知的惶恐，但他不会退缩。军人梦是杨城长久以来的梦想，既决定圆梦，便无怨无悔。

杨城常常设想军旅生活的模样，那些斑斓的图景在他的梦境中不时出现：严厉而可亲的教官，并肩作战互相扶持的同年兵，只在电视与杂志上出现过的武器，艰苦的训练与淋漓的汗水，还有自己，一个像军人一样——不，一个就是军人的自己，一个洗褪了稚气、坚定稳重的钢铁般的军人。橄榄色的大道在他面前缓缓铺开，他的未来会有汗水滴落的痕迹，会有滚圆血珠的殷红，会有乌黑钢铁的色泽，还有……熠熠生辉的肩章和脱胎换骨的自己。

2014年的9月，十九岁的杨城，踏上了去新兵连的路。

新兵营里小鹰展翅

第一次来到新兵连的时候，杨城切实体会到了理想与现实的碰撞。理想有多丰满，现实就有多骨感。当兵累不累？当然累！谁都知道，可杨城不知道，他没想到当兵竟有这么累。梦想总容易忽略那些不怎么美好的细节。到新兵连的头一天晚上，他枕着不如家里柔软的枕头，躺在似乎有那么一点硌人的床上，在这个离家只有六十多公里的地方，突然觉得，自己有那么一点想家。

军营是尽忠负责的，军营是钢铁般的，同时，军营也是冷酷无情的。军营不会给这些稚气未脱的新兵蛋子多愁善感的时间。新兵营的一天满满当当：五点半就要起床叠被子，六点集合参加队列训练，七点集合吃早饭，如果军歌唱得不响亮，吃饭的时间就无限推后。下午要在烈日下进行体能训练，三公里、五公里、十公里。有人说，“当兵后悔三个月，不当兵后悔一辈子”。人人都说好钢不怕打磨，或许说，好钢就需要淬火打磨，在苦涩的盐水中成就自己。只有历经飞溅的火花，方能显现利刃的雏形。

心怀着成为优秀士兵的梦想，杨城想要做到最好。他从不叫苦叫累，比别人更拼。“坚持吧，就当你没有了后路。”杨城告诉自己。在那些浸满汗水的日子里，好在周围有那么多的同伴，在大家的相互扶持、互相打气、相互打趣中，日子也没有那么难过。一张张年轻而稚气的脸庞，庄严沉稳地，任凭汗水淌满自己的面颊。

杨城和战友在一起

即使内心已经做好了充分的准备，比要求的更积极更拼搏，杨城还是有哭过。那是第一次紧急集合，在睡眼惺忪中集合的他们，在没有被教过相关知识的情况下，却因为没有打背包而受罚了。在深夜一两点钟的时候他们顶着被子罚跑、罚站。那种委屈和心酸，铺天盖地地席卷了他。都说男儿有泪不轻弹，可眼泪却不争气地决堤而下。那是他在部队第一次哭。

然而，即使再委屈，他能做的，只有擦干泪水，继续训练，因为这是他的职责。杨城知道，他是一个军人，他能坚持。

第一个月过去的时候，他们有了一个给家里打电话的机会，每个人只有十分钟的时间。杨城握住电话，觉得手心里出了一层薄汗，在其他班都在酣睡的午间，静谧得听得见自己的心跳。电话接通的一刹那，母亲熟悉又相隔已久的声音从那头传来“喂？”原来想了一肚子的话，训练的种种辛苦，教官的黑脸，天南地北的战友……统统顺着舌尖滚进了喉咙，没有想象中那激动到不能自已的泪水，那些不成熟的液体似乎都已化作咸涩的汗水流出体外。

“妈，我很好，我在这里过得挺好的，你不要担心。”

杨城在那一瞬间意识到，自己成长了。

十分钟很短。在打完电话接下来的时间里，他仿佛处在一种做梦的状态里，反复地回忆着那短短的十分钟，家里的一切，对于他来说已经很遥远了。有人打完电话静静地哭了，但没有人嘲笑他，因为很多人都是第一次离开家这么久。杨城没有哭，他只是略带恍惚地思考着自己的未来，如果被分到很远的地方……但军队的纪律必须服从。他深知，军人精神是什么，军人精神就是服从与恪尽职守。

“我恨过班长，”杨城谈起那时候的自己，“但我后来能理解他，没有他，我们不会从刚进来的样子转变成现在这样。”再回头看，在那短短的三个月里，他的成长如此迅速，仿佛一夜间，脱离了稚气青涩的躯壳，拔节生长，成长为顶天立地的大树模样，挺拔如松，巍然如山，

2014年，杨城十九岁，是个军人。这一年特别苦，也特别有意义。

南湖边红船扬帆

2015年，结束了新兵营的日子，大家即将去往各地，去执行自己的职责。杨城作为一名消防兵被分到了嘉兴南湖。这里是党的第一次全国代表大会召开地，是我国近代史上重要的革命纪念地。1921年，在烟雨朦胧中，在一艘不起眼的小船上，中国共产党第一次全国代表大会成功召开。这是一处秀美旖旎的吴越江南之景，同时也蕴藏着红色革命的火星。中国的红色革命由此扬帆起航。杨城的新生活也在此扬帆起航。

他所在的连队位于嘉兴南湖。南湖红船是中国共产党的诞生之地。习近平主席提出了“红船精神”的概念，就是“开天辟地、敢为人先的首创精神，坚定理想、百折不挠的奋斗精神，立党为公、忠诚为民的奉献精神”。在这里杨城接受着红色文化的熏陶，愈发坚定了他要做一名好消防员，为人民服务，向党看齐的信心。

到了连队并不意味着会有所懈怠，作为一名消防兵，杨城严格要求自己，每天都要刻苦训练。练习穿防火服的熟练程度，用最快的速度接水带水枪。爬挂钩梯，有六米挂钩、九米挂钩和十二米挂钩。爬训练塔，要求装备整齐，包括消防服、两盘水带、空气呼吸器……粗略估计得有一二十公斤重。杨城说：最快的战友能在36秒内到达十楼。他们都知道，时间就是生命，要在最短的时间内做好这些，就要苦练这些看似简单的动作，才能加强消防员本身的技能，提高抢险救灾的能力。

军队生活也并非只有苦训和钢铁的纪律。烧烤、电影、购物、集体生日……丰富多彩的活动，和来自五湖四海的兄弟们待在一起，日子充满了愉快。更何况，和部队里的大家在一起，和党在一起，怎么会感到寂寞呢？他们有红色活动，有学习会，有激昂澎湃的爱国主义教育。党的根本宗旨就是全心全意为人民服务，杨城把这一点深记于心。他最喜欢唱《人民需要我》：“一片片火海诠释我们的本色，一声声警笛证明我们的承诺，一条条水龙喷涌我们的激情，一份份忠诚夯实我们的执着，我们是平安的使者……奉献是我们的星座，人民需要我，时刻准备着……”这是一首属于消防兵的歌。

说起遗憾，杨城并非没有，因为视力原因不能亲自到火场救火，是他最遗憾的事。他也想做一名帅气的消防员，用水龙扑灭炽烈的大火。当然，他会站好自己的岗，切实做好防火防灾的预防保护工作，无愧于军人这个火热的称号。做一个军人，就是要服从纪律，像一颗钉子，一把扳手，一块砖，一棵随时准备奉献自己的大树。做一个军人，双肩扛着责任，为人民服务，已是此生最大的职责。

2015年，杨城二十岁，是一名光荣的武警消防兵。

两年，很快，也很慢。2016年的9月，又是一个9月，杨城退伍了。

离开军营前他兴奋过一段时日。退伍后的自在生活在向他挥手致意。但当兴奋感逐渐沉寂，他明白自己以后或许会永远怀念这段军旅生涯——不，是一定会！他用两年圆自己一个军人梦，用两年成为一个更独立、更成熟的自己。从一株稚嫩的苗木到不动如山的白杨，他已证明自己足够顶天立地！

拨开那些汗水的积淀和血痂老茧，杨城看见了自己，一个再苦再累也依然服从于纪律的自己，无愧于心，无愧于青春。若青春是一首诗，他便用烈火在钢板上将其雕刻而成；若青春是一条湍急又短暂的河流，他便是与急浪拼搏过的小舟；若青春是小鹰习飞的训练，他便是用翅膀搏击过飓风，最终双翼坚实，足以呼啸于蓝天的鹰。那些汗水，训斥，双脚在操场上磨出的一圈圈痕迹……全部成就了现在这个自己。他感谢军营，但更感谢坚持下来的自己。

大学校园青春起航

如今，杨城是一名大学生。大学的生活很舒服，很自由，没有艰苦的训练，也没有教官的严厉斥责。但杨城还是会不时地怀念起军旅生涯，虽然简单，但却踏实。那些来自五湖四海的队友们，冷面却也温情的队长，一起拼搏，一起谈天和大笑，甚至那些简短的给家中打电话的时刻，都能激起心中最直接也是最简单的快乐。

有些人说，我看不出你曾经是一个兵，你走在我们身边，就像一个普普通通的当代大学生。但只有杨城自己知道，自己曾是一个军人，这两年的军旅生涯教会了他太多太多，他更独立，更外向，遇到困难与挫折，也能潇洒地一笑了之，因为他有足够坚强的内心。他有这段不一样的青春体验：训练的酸涩，和大家一起拧成一股绳努力拼搏完成目标后的甜美滋味，被约束的苦楚，教官训斥的火辣辣……“酸甜苦辣”这四种滋味，杨城用心地品味过了，回看这两年，杨城说，“痛并快乐”这四个字，足以概括。

如果时间倒流，回到两年前选择的路口，杨城还会再一次参军，毫不犹疑，义无反顾。

两年前的激动与喜悦还记忆犹新：接到入伍通知的雀跃，家人的担忧，入伍前的不安与兴奋，训练时的泪水、汗水，部队大家庭的温暖……这些记忆弥足珍贵，这其中没有多华丽的辞藻、多感天动地的举动，有的只是朴实的钢铁的颜色，是熠熠生辉的肩章的红色，是中国红，是足以铭记一生的做人做事的道理。

杨城说自己想对那些退伍的战友说一声："好好干"，想对那些刚入伍的新兵说："好好干，不要偷懒"，想对青春、对自己说："好好干，不要浪费"。

"所有的结局都已写好，所有的泪水也都已启程。"因为深知青春只是一辆单行的列车，沿途风景正好，却没有重来的机会。无悔青春，青春无悔。杨城做到了，这是与青春做的一个最好的约定。

采访感悟

杨城给我的印象是一名很普通的大学生，从他身上没有感受太多的"红色"的印记，在采访的过程中他也是一直微笑着，他没有把军人说成让人感觉十分神圣的形象，对他而言，或许军旅生涯更像是一场旅行，他不在乎结果，不在乎成就，他当兵，好像只是为了体验什么叫当兵。他说过程很苦，有时候很委屈，该想家的时候也想家。他就是这么一个普普通通的大学生，他没有十分过人的能力，也没有十分热血的信仰，采访他的时候，就好像在采访你自己一样。我们每天刷微博里讲的军人，看电视里放的军人，似乎都把军人放大了，我们称他们为最可爱的人，而实际上，他们可能就和你我一样，怕苦怕累，只是活在当下的平凡人。而正是这种平凡，让人感受到了伟大。

——徐昕瑶　营销151班；楼江峰　金融153班

彩虹下磨砺出的男子汉

文：王紫轩　摄：王　格　指导老师：徐益亮

人物瞄准镜

伍嗣帅，男，1992年9月出生，籍贯广东信宜，2012年考入浙江大学宁波理工学院电子信息类专业学习。2012年12月应征入伍，成为东南地区某部队一名通信兵，2014年12月退伍返校，就读电子信息工程专业。在部队服役期间，获得两次嘉奖，一次“优秀士兵”称号。在大学期间，担任清欢植物社社长，班级行为纪实员，获三等奖学金，信息学院第十期大学生科研创新实践项目（SRPIP）二等奖，优秀助理教官。

2012年12月，正值寒冬，南方阴冷的小雨夹杂着雪粒，落在城市的大街小巷与行人厚厚的冬衣上。20岁的伍嗣帅打包了行李，坐上了开往部队的火车。

军营阵地是苏中抗日民主根据地的一部分。伍嗣帅服役的部队就坐落在一个小镇旁。不同于想象中的荒凉艰苦，小镇的繁华让伍嗣帅兴奋不已。此时的伍嗣帅对之后两年的军营生活充满了期待。最后一批新兵的入驻无疑给小镇注入了一剂新鲜血液，但12月的寒冷很快凝固了这座小城，逐渐落寞的天色填补了新兵们懵懂的期待。于伍嗣帅而言，前路究竟如何，仍然是充满新鲜、未知的挑战。

军旗上飘扬着我们的名字，年轻的士兵渴望建立功勋

从戎，扛一杆枪保家卫国，是出生在军人家庭的伍嗣帅长久以来的梦想。

在家人的支持下，他顺利地通过了入伍测试，进入了他梦寐以求的部队。

宣誓仪式当天，天色一如往常的安详娴静，冬日温暖的阳光洒在每一条街道上，洒在宣誓仪式飘扬的国旗上，也洒在每一个新兵的心里。按照当地习俗，新兵入伍，要喝热水、洗脸，再在板子上写上自己的名字。盛着热水的脸盆被端上来，冒着热气的搪瓷杯送到了手里，笔落，“伍嗣帅”三个字落在了签名板上。这时候的他还是迷糊的，似乎外边的花花世界，与自己还有着联系，学校的课堂、亲切的同学、母亲烧的菜，仍然牵扯着自己，似乎自己一走出部队的大门，就能浑然匿身于大街小巷，在深夜的烧烤摊，吹两瓶啤酒，在清早雾腾腾的包子铺，喝一碗豆浆。

他就这么想着，思绪飘忽忽地飞了起来，跨过了海湾，穿越了高高低低连绵起伏的山峦，他低头看见经过城市的人流，拥挤而平缓地涌动着。

国旗和军旗飘扬了起来，新兵们梗着脖子，挺起胸膛，伍嗣帅的思绪也骤然跌落了下来，同时又随着军歌扎根发芽，长成了一棵坚毅的树苗。这个20岁的青年，第一次离开家乡，被深深地牵绊在一座小镇的一方土地上。异乡清冷的空气，从他的鼻子和嘴巴灌了进去，冲进了他的大脑，满目的军绿色将他紧紧地打包了起来，扔进了他儿时就向往着的地方。

雄壮的军歌里，新兵们的血液都沸腾而压抑着，年轻稚嫩的面孔充溢着说不清道不明的热情。而这热情是要证明自己的勇敢与无畏。穿着军装，守护这一方土地和这方土地上的百姓，用自己的热血捍卫国家与民族的尊严。伍嗣帅被这巨大的热情整个儿地湮没了，他的心似乎也呐喊起来了。战鼓擂了起来，枪上了膛，他沉浸在自己的英雄梦里，自此一梦就是两年。

伍嗣帅所属的部队主要负责监控拦截空中飞行物，保障飞机和地面能流畅沟通并提供情报。这是一支一线部队，却也是一支后勤部队。这与伍嗣帅想象的颇有出入，但新鲜感和新兵的责任感并没有让他感到失落。后勤部队作为前线的支援力量，日常的任务不容忽视。工作的强度与紧张也使得伍嗣帅无暇抱怨。

伍嗣帅入伍后不久，就经历了一次部队的大搬迁。年初，正是驻地最冷的时候。凌晨三点的天空依然晕染着大片的黑，而伍嗣帅所在的新兵连却已经打包好了要搬运的物件，准备赶往火车站了。伍嗣帅坐在车上，渐渐分了神，窗外仍然没有泛白的迹象，偶尔的几声鸟叫扰乱着他的困意。他迷迷糊糊地，入伍前的生活景象渐渐翻涌上来，愈来愈炙热、滚烫，在寒冷的空气里变成了一团火苗。他正欲睁大眼睛，那火苗却奄奄地灭了。

火车站到了。列车安静地躺在铁轨上，伍嗣帅小小地贪恋了一下车内温暖的空气，紧跟着下了车。搬运直到夜里十二点才结束，并持续了两天。伍嗣帅很少能离开部队，去到这么远的地方。在他的记忆里，除了这次搬运任务，还有一次是去机场，也是摸黑起床，踩着脚踏车，摇摇晃晃急急忙忙，花了一个小时，才赶到目的地。

军旅生活的严苛紧张，于伍嗣帅而言，似乎已经成为习惯。他选择在最美好、最富有激情的年纪，离开校园，离开充满诱惑的生活，离开给予温饱的家，把自己的身体交由国家支配。伍嗣帅极少抱怨，只有在梦中，才会想起家，想到外面的生活，以及往昔的同学。但他知道，并时刻清楚地记着，他已是一名军人，一个能够背上枪，背上父母，背上家庭，毅然前行的中国军人。

一个晴朗的早晨，鸽哨声伴着起床号音

伍嗣帅个儿不高，是偏瘦弱的身材。新兵入伍，有三个月的训练期，用来整顿军容军貌，严肃军纪，锻炼体魄。这三个月，对很多兵而言，是最为辛苦，也最为难忘的时光。伍嗣帅也不例外。虽然之前对训练有过许多设想，而真正进入了军营，穿上迷彩服，他的身体才猛然一震，紧张起来。

思乡的梦才做了一半，起床的哨声就将伍嗣帅拉回了现实，回到了这张冷冰冰的小床上。天空还呈现着灰白的颜色，伍嗣帅顾不上那么多，套上衣服叠完被子，就急匆匆地出去列队集合。冬季清晨寒冷的风灌进衣领，是最好的清醒剂。伍嗣帅屏住呼吸，站在队伍里，轻微的呼吸在空气里透出了薄薄的水雾。

跑步、蛙跳、俯卧撑……一整套下来，士兵们都已经是气喘吁吁，汗流浃背。这时候，已到了早餐时间。一人一根手臂粗的馒头，再加一点小菜，伍嗣帅常常觉得，再也没有比这更加美味的早餐了，不管是街角新炸出的油条，刚出炉的大饼，还是巷尾撒了紫菜、葱花的馄饨，或是第一笼的蒸饺，都比不上这眼前的馒头诱人。

比起早晨的训练，让人叫苦不迭的是半夜三更的紧急集合。伍嗣帅清楚地记得，那天夜里正是雨夹雪的天气，集合的哨声毫无征兆地吹响，硬生生地把大家从梦里扯回。几乎没有人犹豫，背起被子就往外冲。雪粒子落在被子上，晕成了水渍。众人无声地站在雪夜里，进行正步训练。

一分钟，两分钟……队伍逐渐开始东倒西歪。“谁的脚点地了？”面对质问，没有人回答。雪夜里，几十名士兵无声地抬着腿，忍着寒冷和困意。远处暖黄色的灯光持久地传达着这个夜里唯一的暖意，许多战士都咬紧了牙关忍受着，而这忍受，好像永远也看不到头，摸不着边。

“后悔了吗？”伍嗣帅心里突然冒出了这样的想法，一时半刻间却没有答案。这些身体上所要承受的痛苦磨炼，他不是没有预见过，他甚至十分清楚，这三个月是险途，是考验，是西藏筑路的工人被压抑的胸腔，是农民在三伏天被晒脱皮的脸。而当这些寒冷、这些疲倦，被冷风裹挟着向他袭来，撞在他的脸上时，他迷茫了，就像是海里漂往极地的小船，被冰封住了，只剩下冰天雪地和单衣薄履的自己，大声呼喊，不是被呼天啸地的风声掩盖，就是只有远处的鲸鸣与自己相呼应。这种孤独感很快在伍嗣帅的胸口蔓延，充斥，隐忍。伍嗣帅想到了入伍前的自己，是一个普通的大学生，安逸地上课、学习、游戏，而这些，现在彻底与自己无关了。他觉得晕乎乎的，帽檐沉沉地压了下来，连同他的眼皮，也要压入深深的睡意中去了。忽然，有些景象闪进了他半浅的睡梦中，那是宣誓仪式上他炽热的心脏，是和战友们一起举起的右拳。他的心里有别样的情愫升腾起来了，这种情愫是骄傲，是兴奋，是面临挑战的跃跃欲试。伍嗣帅急切地想看到自己的成长，想证明自己的成长，他不由得挺起了胸膛，勉力支撑起身子，眼睛有神起来了，他对于自己这一忽然间的转变有些惊奇，同时又充满自豪。兴奋感充溢着他20岁的身体，这风虽冽，却冽得正气，这寒虽深，却寒得清高。

在这雪天夜训之后，伍嗣帅觉得自己变了。他开始品味这些身体的锤炼，甚至获得了自个儿的乐趣。他觉得，在同一个环境下，别人做到的，自己定能做到，别人做不到的，自己也得费着心思去完成。这是伍嗣帅对一个士兵基本素养的定义。

士兵兄弟们，我的战友

第一次见到班长，是在新兵的宣誓仪式上。对于那个不苟言笑的青年，伍嗣帅并没有什么特别好的印象。班长严肃、认真，对于他们的要求甚至到了严苛的地步，抠细节，揪小动作。对于刚刚清洗完的玻璃窗，他都会戴上白手套细细地摸一遍，如果那白手套沾了什么灰尘，伍嗣帅又得清洗一遍。

班长要求严，班级的整顿自然是井井有条，在军容军貌的整治、军纪军规的严肃上，很快有了很大的进步。而班长却鲜少面带喜色，最多是扯一扯嘴，算是表达了什么情绪。

若对班长的印象就到此为止了的话，伍嗣帅觉得，他与部队的牵绊可能会少那么几分。那是伍嗣帅入伍后的第一个除夕。按照规定，新兵是不允许回家过年的。晚上集合完毕后的伍嗣帅和室友刚回到寝室，就愣了神。他们看到，每个人的位置旁，都摆放着一盆热腾腾的洗脚水。热气在沉默的房间里形成，又消散，终于有一个声音响起来了："是班长打的水吧！他之前不是说过要给我们打洗脚水的吗？我还以为是玩笑话哩！"

伍嗣帅暗自在心里给班长鼓掌。他的心渐渐暖起来了，这盆洗脚水给了他一种神奇的归属感，他那面无表情的班长，仅用一盆洗脚水，就把他的心牢牢地拴在了部队，他的归属感，他的依赖感，全在这洗脚水里，变成水汽，在他的呼吸间融进了他的血液。

那天晚上，伍嗣帅给家里打了一个电话。外面是撕扯着树木的风，里边是战友，是朋友，是新的家。伍嗣帅从来没有觉得自己那么能说过，这几个月来温暖的、孤单的、各式各样的情绪全部倾倒了出来，十分钟的限定时长让伍嗣帅有些焦虑，更有些急迫。他急需找到一个发泄口，让他表达，让他倾诉，而当这个发泄口展露出来时，他毫不犹豫地将自己也倾倒了下去。对于伍嗣帅而言，他已真正地把部队当成了家。

两年的时光就像磨盘上的米，磨着磨着，变成了细细的粉末，被十二月的风一吹，就散开了。2014年12月，脱下军装的伍嗣帅背起和来时一样的行李，留下干干净净的床铺，离开了他学习生活了两年的部队。

早晨五点的火车站已经热闹起来了，熙熙攘攘的全是送别的人。伍嗣帅在站台上看到了他的战友，离别的时刻，两人却相对无言了。战友的眼角泛起了泪光，伍嗣帅在这泪光里，模模糊糊地看到了两年前在这个火车站下车入伍的自己。同样的车站，同样的十二月，只是前方的路，大不相同了。

当那一天来临，我还会选择当一个兵

伍嗣帅最喜欢的军歌是《当那一天来临》。当他还是一个新兵时，最期盼也最开心的事情就是去打靶，可伍嗣帅真正摸枪就只有两次，一次十发子弹。由于机会少，每次去打靶，一路上大家都热热闹闹的，这首《当那一天来临》就是他们唱得最多的歌。这首歌虽是女声原唱，却硬是被这群20出头的小伙子们，唱得颇有阳刚之气。退伍后，时隔多年，在伍嗣帅的心里，当初去打靶时的热血仍然没有减退，只有扛上枪，自己的军旅生活才算完整。

伍嗣帅觉得，入伍两年，最遗憾的事情是因为转场训练，错过了新疆驻训；最幸福的事情，就是认识了天南地北的战友们，给了自己的青春一个交代；最无憾的事情，就是入伍，成为一名军人。离开部队后，即使过了很久，伍嗣帅也常常情不自禁地在听到国歌时停下脚步，仿佛那已经成了他灵魂的一部分，再也抹不去了。

“如果有机会，我还选择当一个兵。”在即将结束我们的采访时，伍嗣帅这样说道，目光炯炯地看向了远方。

采访感悟

这是我第一次接触到大学生退伍兵，也是第一次以采访者的身份了解军营生活。通过交流，我们可以发现，经过军旅生活锻炼的人，是不一样的。他们用两年时间，在军营里养成了良好的生活习惯，对自己的学习生活有了安排，并且更有目标。

另一方面，毫无疑问地，体魄上的锻炼是非常有益处的。在大部分大学生对体质测试充满恐惧，甚至过不了50分的情况下，这些体验过真正军营生活的人，已经能承受高负荷的体能训练了。他们高度服从部队命令，并能时刻突破自我，完成一个又一个挑战。这些挑战更能锻炼一个人的意志力，让他更加自主、独立地面对生活中的困难，变得有担当，有责任感。部队的集体生活帮助很多人快速成长，让他们变得有个性，有决断，有能力，有毅力。而这种成长，很难从家庭和学校的温床里获得。

这次采访活动对于我的触动是非常大的。退伍兵们展现出来的积极的一面与我们自己、我们周边的同学截然不同，这种不同应该成为一种力量，激励我们的同学，即使身处轻松的校园，也应该严格要求自己，对未来要有目标，有规划。这个世界有人扛枪，保家卫国，有人执笔，书写春秋，而我们最起码要做到为自己，为父母，以正直、善良、乐观的生活态度生活下去，尽自己所能，做一些有意义的事情。

当然，我也希望有条件的同学能够自愿参军入伍，给自己的人生，来一点不一样的调味剂，既能报效祖国，也可以当作一种历练，一段经历。

——王紫轩　新闻151班

把青春挥洒在军旗上的防空兵战士

文：金　萍　指导教师：伍　醒

人物瞄准镜

王鑫炜，男，1995年7月出生，籍贯浙江富阳，2014年考入浙江大学宁波理工学院能源与环境系统工程专业学习。2014年9月应征入伍，成为东南地区某部队一名防空兵。2016年9月退伍返校，继续就读能源与环境系统工程专业。在部队服役期间，参加旅岗位训练精兵比武，获得全旅第四名。

“脸上的褶子是我最大的特点，是参军在我脸上留下的痕迹，是不是看着很成熟？青春这两个字已经不属于我了吧！”阳光的大男孩边调侃边露出微笑。

王鑫炜，20岁参军，他是把青春挥洒在军旗上的防空兵，他的青春正在进行中……

他曾经独自半夜翻墙逃离学校，只为了一场球赛；他曾经强行挤进大人堆里，谈着自以为是的想法；他曾经计划荒唐的事，不计后果地付诸行动。高考结束，前途如迷雾，拨不开逃不掉。直到参军如期而至，在家人期盼的目光中，他毅然决然地朝着梦寐以求的军人梦前行，就此画下人生中最浓墨重彩的一笔。

他说，他的青春献给了年少的轻狂，献给了两年军旅生活，他的无知、他的迷茫和他的稚嫩都被消磨得一干二净。

他的青春真的离他而去了吗？

成为防空兵，给予他勇气

生活总是充满了惊喜和挑战，比如王鑫炜的参军，比如他完成了80公里的拉练，比如他成为一名陆军防空兵。

“军队的训练和电视里看到的完全不同！”王鑫炜发出了感叹，“新兵三个月的地狱般训练真的让人一度想放弃。”

谈起新兵三个月，他笑称“一辈子都不会忘”，第一次的拉练似乎仍旧历历在目。

“第一次拉练距离为80公里，当时没想别的，就怕自己走不下去，毕竟重装（二三十公斤重的行囊，还要扛枪、戴头盔）行军，部队以每小时5公里的速度走，步行一小时休息十分钟，整整两天一夜。

“最难熬的就是晚上，简直冰火两重天，不过，我还是坚持下来了，回到部队，向爸妈说的第一句话就是——我活着回来了！”

80公里拉练，王鑫炜超越了自己的极限，凭着坚强的意志走完全程。

军队也充满了新鲜事物，比如，他要参加防空兵的第一次操炮训练。

艳阳高照，在训练场上的每一位士兵笔直地站在炮后，整齐划一的黑色和迷彩色为训练场添上了一抹亮色。他们严阵以待，仔细地聆听着操炮训练

王鑫炜参加新兵连第一次枪械训练

中的要求和注意事项，而王鑫炜也在其中。

“这是我第一次参加操炮训练，之前看到这些装备，都是通过抗战剧，没想到自己能够亲眼看到它们，接触它们。说实话，当时很严肃地站在那里听指挥官给我们讲解，心里一直想着，怎么还不开始，既紧张又兴奋。”

终于，王鑫炜要上场了。按照规定步骤，一、二炮手捕捉和瞄准目标，作为三炮手的王鑫炜和四炮手装订航路航速，五、六炮手压弹，最后击发。

只听“砰”的一声，远方的草地上尘土漫天飞。

“我当时彻底懵了，从来没想过声音会这么响，感觉心脏都要跳出来了，有些后怕。”

这是他第一次的炮兵体验。

积累了第一次的经验，王鑫炜从一窍不通渐渐成长为能驾轻就熟地掌握技巧。

他说，平时的训练虽然不用实弹，但每一次都必须谨慎对待、总结经验。操炮并不单单是发射炮，还需要关注精准度，各炮手配合的默契度也很重要。

他最擅长三炮手的位置和指挥系统操作手。

每一次接触新事物都是一次挑战。王鑫炜新兵连80公里的拉练，让他感觉自己走在死亡的边缘，但也不轻言放弃。操炮训练的第一次尝试，尽管让王鑫炜产生了后怕的情绪，但是他还是及时调整好状态，克服内心的不适感，重新投入训练之中。所以，他做到了，他完成了80公里的拉练。他做到了，他在操炮训练中获得了全旅第四的优异成绩。

这就是那个当初入伍时稚嫩的大男孩，他总能对挑战报以微笑，他总能给人惊喜。

那份心酸，教会他独立

“我参军前各方面很依赖父母，就像一个长不大的小孩。在家的时候我不会主动解决问题，就算遇到再小的难题，我也会毫不犹豫地扔给父母。生活自理能力也不强，明明已经长到该独立的年龄，我还是离不开父母的照顾。”

“参军以后，状况就完全不同了。因为我参军的地点在江苏，离家也比较远，父母没办法随时来看望我，偶尔的通话时间也很短暂，所以平时军队里要是发生什么事情就只能靠自己。”

王鑫炜父亲到部队探望

就像王鑫炜所说，父母无法常伴左右，终究要脱离家人保护。王鑫炜的军队生活试探他、考验他，逼迫他独立。

“我们部队在我还是新兵的时候进行了优秀义务兵的选拔，每个人可以上报一个名额，然后公开投票。我从我们班的新兵里脱颖而出，成为候选人之一。”王鑫炜微微抬起头，眼眶有些泛红，“但是后来由于某些原因，我被取消了候选人资格，我不清楚其中的缘由是什么。出于愤怒，我找到班长，希望从他那里得到合理的解释，他也只是安慰了我几句而已。现在，想到这件事，我依旧有些无法释怀，可能是心酸，也可能是遗憾。”

“不过，我相信部队的领导之所以取消我评选的资格是有一定的合理性的。当局者迷，旁观者清，我有些方面做得不够好，还不能达到优秀义务兵的标准，这点我没有意识到，而我的班长和连长清楚地认识到我还有更大的进步空间。而且，不是说我没有了这个称号就不优秀了，只要我尽善尽美地完成部队下达的指令，做到问心无愧就足够了。”

王鑫炜的军旅生活并不如意，他一直有着想要立功的梦，有着想要获得他人肯定的诉求。一次优秀士兵的评选燃起了他希望的火苗，可又毫不留情地浇灭。这次的他不再逃避，理智地开导自己和分析不足之处。挫折教会了他独立地解决问题。

“我的厨艺也长进不少”，抛开这份心酸，一抹微笑不经意间爬上王鑫炜的嘴角，“我在帮厨的时候偷师到不少做菜的诀窍，我最拿手的应该就是红烧肉了，回来的时候做给爸妈吃过，他们赞不绝口。”

父母不是永久的保护伞，如果总秉持着“父母是万能的，没有他们是万万不能”的思想，你始终是受到庇护的幼崽，未来渺茫。我们总喜欢说“谁还不是小王子”，你当不了永远的王子，王鑫炜的参军不正是对过度依赖的宣战吗？

他努力地摆脱依赖的束缚，更独立地去享受军旅生活，享受这份来之不易的财富。

那位班长，教会他努力

他以傲人的姿态站在你身旁，你也许只看到他光鲜的成绩，却从不了解他为此付出多少努力。

炎炎烈日下，四周十分安静，只有偶尔吹来的几丝微风轻拂草地，平日里口号声响彻云霄的部队，一改往常，午休时刻安静得仿佛轻声耳语也能被听得一清二楚。这时，在广阔的草地上出现了一个孤独的身影，他的帽檐压得有些低，好像是为了遮住午间强烈的太阳光，卷起的袖子露出了小麦色皮肤，迷彩服的背部几乎都被汗浸湿了，晒干的地方显露出白色的痕迹。他牢牢地注视前方，平举的双手紧握手中的练习手榴弹，调整着呼吸，突然，撤步引弹，扭腰送胯，挥臂扣腕，一套动作行云流水，然而，这次成绩依旧和30米的目标相差甚远。

他快速地奔向远处，将之前扔出去的练习手榴弹一一捡了回来，又重复相同的动作。在多次的练习下，手的握力慢慢地变小，稍作休息，他又再次拿起练习手榴弹。当别人享受着香甜的午觉时，只有他一个人在默默练习。他就是王鑫炜新兵连的班长，一位对他意义重大的人。

王鑫炜和战友们在炮兵靶场

“第一次见到班长的时候，他亲自给我们八个新兵搬了小凳子，让我们坐下。和其他班长不同，他和我们说的第一句话是‘你们是刚来的兵，人生地不熟，我会尽力给你们营造家的感觉’。”王鑫炜抿了抿嘴，继续娓娓道来，“他的这句话让我感觉挺温暖的。我的班长总是能在我们迷惑的时候，给我们指明方向，在我们犯错的时候严厉地批评，所以我特别感谢他。”

“最让我印象深的还是班长和我讲述他过去的事。他说：‘作为军人，资质平庸到极点就是我真实的写照。’我的班长不是生来就强大的。他刚入部队的时候，各方面的成绩都很差，有一次扔手榴弹考核，班长作为新兵只扔了20米，离合格距离还相差整整10米。不仅老兵看不起他，同期的新兵也投以看轻的眼光。班长并没有自暴自弃，他每天在别人午睡的时候偷偷练习，几个月以后，他的手榴弹成绩从刚开始的20米一跃成为50米。班长用他的汗水和坚持换来耀眼的成绩。我觉得我能从他的经历中学到很多，这些精神和品质对我将来的发展应该都有用。”

这就是王鑫炜的班长，他用实际行动告诉我们：天底下没有庸才，只有不努力的人才，只要你有明确的目标、坚强的毅力，你就能突破极限，令人刮目相看。

在退伍回家的路上，王鑫炜强忍着泪水，可当班长的身影出现在他的视野中时，眼泪瞬间倾泻而出。这可能是他们最后一次道别，他紧紧地拥抱了班长，这位对他的人生有重大影响的班长。他想，他会一直记得班长的温暖，记得班长的努力，记得班长的笑容。

那位班长，教会他努力。

两年军旅，促使他成长

“成为军人一直是我的梦想，我挺想留在军队中，和我的战友们一起并肩战斗，为国家的国防安全付出微薄的力量，可是……”王鑫炜低下头，稍作思考后说，“如果我一直留在军队的话，我会长期处于与世隔绝的状态，对外部的变化了解得少之又少，这让我很不安。”

“而且我的文化水平有可能只停留在高中毕业，以后，如果我因为一些原因退役了，那个时候的自己又凭哪些优势和别人竞争上岗呢？所以我想要学习，学到更多的知识，我明白社会对文凭的重视，我希望自己能够像在军队里一样，在社会竞争中有立足之地。”

那种渴望清晰地在他眼中透露。他说：“这两年的军旅生活真的让我成长很多，和两年前没有任何目标和打算相比，现在的我对未来的规划是清晰明了的，我要努力地弥补这两年的缺失，现在的我只想好好学习。”

他说，父母和朋友都说他变了，从一个不谙世事的少年变为成熟理智的男人。他从前那些无厘头的说辞不复存在了，现在的他更有主见，会全方位地考虑日常生活中遇到的难题。

有人说：青春是疼痛的，王鑫炜的青春也是如此，在军队受到的疼痛推动着他成长。他总是笑称：“我现在应该不算青春了吧，感觉参军回来，我的样子老了好几岁。我心里的青春应该是想做什么就做什么，就像我两年前一样。现在的我如果面临当初相同的选择，我绝对不会头脑发热做这些事情。”

青春是肆无忌惮吗？青春是不计后果吗？青春是挥霍时光吗？青春到

底是什么样子？青春也许并不是王鑫炜心中的样子，青春应该掌握在自己手里，青春是活出了最想成为的样子。

两年前，王鑫炜遵循内心的意愿，勇敢地踏出了参军这一步，此刻，他的人生完全交给自己书写，泪水、汗水、血水交织在人生的版图中，那些艰辛的时刻促使他成长，那些难解的阻碍教会他独立，那些重要的人教会他人生的道理。

军旅生活纵然对他的身体造成了伤痛，纵然让他经历了孤立无援的感觉，纵然在他的脸上留下岁月的痕迹，然而，两年后的他变成了他最想要的样子。他有明确的目标，有优秀的品质，有周全的思虑。这是军旅生活悄然给予他的宝贵财富，就像他所说的，“当兵真的一点都不后悔”。

这就是王鑫炜的军旅生活和青春，他的青春并没有因为军旅生活而停止，相反，他的青春因为参军更有色彩。青春不是肆意地挥霍，而是更有理智地规划未来，规划自己的人生。

他是将青春挥洒在军旗上的防空兵战士，他总是给人以惊喜，他坚强，他勇敢，他成熟……这些都是青春馈赠给他最好的礼物。

他说，当兵是自己做出的最正确的选择。

采访感悟

军人，在我的印象中一直是神秘和神圣的。

然而，我的崇拜止步于一身军装，对于选择服兵役的认知只是停留在“两年”而已。不过，在采访过防空兵战士王鑫炜后，我发现，军人，并不是我想象的那么浅显。

挺拔潇洒的背后，是血和汗的混杂；完美展示自我的背后，是反复的练习；灿烂笑容的背后，是隐忍和坚持。

这次采访让我了解到，这短短两年的军旅生活，让他的思想和内心都获得了质的飞跃。他实现了长久以来的梦想，他从幼稚蜕变为成熟。

或许，我与王鑫炜的交谈也只是体现了防空兵的冰山一角，而这一角告诉每一个人，当兵的两年是青春中最亮丽的一抹色彩，当兵真的不会后悔。

——金 萍 新闻151班

品尝军旅五味　立志保家卫国

文：徐奕鹏　指导老师：曹峰旗

人物瞄准镜

王辉，男，1994年4月出生，籍贯浙江湖州，2012年考入浙江大学宁波理工学院化工专业学习。2014年9月应征入伍，成为某市武警边防检查站监护中队一名通信员兼文书。2016年9月退伍返校，就读化工专业。在部队服役期间，获得“优秀士兵”称号。在大学期间，担任校学生会楼层管理部干事，校青协社工组副组长。

春雨无声，却能滋润大地；涓细之水，终究汇流成河。

七百多个日日夜夜，孜孜不倦，无私奉献。是他，用自己的辛勤汗水，塑造着人民保卫者的形象；是他，用自己的无私付出，衬托出军人的魅力。

他叫王辉，浙江湖州人，2014年应征入伍，成为武警边防部队中的一名战士。那年，他20岁。

见到他的第一眼，他便给我留下了深刻的印象。整洁的衣衫，没有一点胡茬的脸庞，擦得发光的眼镜，无不透露着军人的气质和一份成熟、一份稳健。在和我们的交谈中，他分享了他参军生涯中的酸甜苦辣，还有他内心的理想与信念。言语之间，我们能感受到他对军队的热爱，更能感受到他对生活充满了希望和信心。

酸

新兵难断思乡情。铮铮男儿，热血铁骨，理应不落泪。但是一旦思念起家乡和亲人，再坚强的人也难免变得柔情。王辉记得，他参军后第一个电话打给了他的女朋友。话语之间，他还露出了羞涩的笑容，仿佛一个腼腆的大孩子，脸上洋溢着几分幸福。他说，当电话接通的那一瞬间，他的视线瞬间模糊，他仰起头，强忍着不让眼泪流出来。听着电话那一头的嘘寒问暖，他感受到极大的安慰。他说，也正是因为这样，他才有了生活的斗志，有了继续拼下去的决心。

当然了，身边的战友也有不如他“坚强”的。据他回忆，在部队新兵连的时候，大多数战友每次给家里人打完电话，或潸然泪下，或低头沉思，气氛都变得低沉下来。那时候，教导员告诉他们，再大的苦闷也要自己忍，给家里打电话，应该报喜不报忧。他的一个好朋友，有一次给家里打电话，听到父亲声音的时候，还能把泪水含在眼眶里，但是当他听到了自己母亲的声音时，便再也忍不住，哇的一声哭了出来。的确，都是刚刚踏向独立的人，谁能放下自己的家？剪不断，理还乱，是离愁，别是一般滋味在心头。

说到家，王辉还和我们说了他参军途中最大的遗憾：有一次父亲摔伤了腿，但是因为军中的规定，他不能回家探亲。不难看出，他是一个孝顺的人，但是面对感情与纪律，他毅然选择服从命令。我想，这就是一个军人的本色所在吧。

甜

对于大多数人来说，参军路上崎岖坎坷。然而王辉却在这条路上走得坦荡，他找到了自我。不因为别的，只因为他对军人的热爱，对自己理想的执着。他说，他从小就十分崇拜解放军，在他眼里解放军是最帅的人。可以说，参军就是他的梦想。在他接到入伍通知的那一刻，他就像是中了奖，喜出望外。

虽然说军营生活苦、累，但在王辉眼里，这不算什么，他喜欢这份挑战，他从一开始就适应了这种生活。他说：只要你喜欢，只要你内心向往，即使你碰上别人眼里天大的困难，你也不会因此丧失斗志。他也的确用行动证实了他自己。

部队经常会举办一些活动，这些活动王辉都会参加。不论是琴棋书画大赛，还是包饺子、包粽子大赛，或者是军民联谊，各种活动上总会有他的身影。有的时候虽然拿不了奖，但是他也并不遗憾。他认为，经历胜过结果。他把每一次的活动都视作是对自己的挑战。这样一来，他不仅充实了自己的军营生活，还学到了一些技能，他感到很快乐。

当谈到荣誉的时候，他不禁露出了自豪的笑容。原来，他在刚出新兵连不久担任文书一职的时候，就因为作风优良、工作认真被授予“优秀士兵”称号。而他也在获得这项荣誉以后，工作更加卖力。有句俗话叫“一个好汉三个帮”，提起他的成功，就不能不说说他的指导员和他身边的战友。正是因为他们，王辉在灰心的时候才有了动力，他才真正觉得部队就是自己的家。他和战友之间的点点滴滴，能装满一箩筐。

早在连队中担任文书的时候，王辉就有过要考军校的想法。但是文书的工作不像其他士兵那样规律，而且任务相当繁多杂乱。教导员很支持他，为了让他有更多的时间和精力看书，便为他辞去了文书工作。这让他尤为意外，同时心里泛出一种说不出的感激。

还有一次值夜哨的时候，他咳嗽很厉害。和他一起值班的战友知道后，自愿把自己的轮班时间延长一些，悄悄地把他换下来休息。王辉得知后，虽然只是对战友说了声谢谢，但实际上在他心里，却是无尽的暖意。他说，能遇见这样的战友，是他的幸运。

苦

旅途永远不会一帆风顺。虽说对于王辉来说，参军实现了梦想，但这并不意味着在部队他就是舒适安逸的。军人，就是要和困难狭路相逢，并且战胜它。要战胜困难，就要流汗、流血。

军营中流行一句话：“参军后悔三个月，不参军后悔一辈子。”这里的三个月，就是指新兵刚入伍的前三个月。在这三个月里，大家会接受超高强度的魔鬼训练，完成从普通人到合格士兵的蜕变。有些人受不了这三个月的苦而放弃了。但王辉留了下来。他说，虽然在步入军营之前他做足了心理准备，但是困难程度还是远比他想象中的大。最让他印象深刻的就是徒步拉练，他后来细算过，有一次一天竟然走了40公里！这里所谓的走，和普通行走不一样，而是背着自己的被褥、行囊，并且全副武装，一路小跑。这一身装备加在一起，起码要有40公斤。即使这样，休息时间也少得可怜。他身边的战友有中暑的，有腿脚受伤的，这些他都看在眼里，痛在心里，但是他默默坚持到了最后。他和我们说，当他迈向终点的那一刻，他自己都不相信自己做到了。

除了拉练以外，还有更多苦要承受。他给我们列举了其他的训练：站军姿站到腿弯不下去，拉单杠拉到手脱皮，练臂力练到手肿胀。这种常人难以想象的事情，王辉全经历过。他说，在训练期间，他也抱怨过，但是他没有想过放弃，他不后悔。在这魔鬼般的训练中，他强健了自己的身体，更磨炼了自己的意志。

除了训练以外，在日常工作中也存在着许多困难。可能因为兵种的原因，和其他人比起来，王辉的训练时间相对短一点，工作的时间更多。他所在的连队，曾经被派往某港口执勤。那是座大城市，每天的进出港贸易量巨大。执勤本来就要24小时不停歇，再加上人员杂、货物多，他和他的战友工作压力非常大。他记得有一次傍晚，港口来了一大批铁矿石，等待卸船。那时候风大得很，一阵风刮来，漫天尘土飞扬，空气浑浊到20米外就看不到人。而他就是在这种情况下，坚守在港口边上，监视人员，检查证件，盘点物资。那时候正值冬天，他穿着厚厚的军大衣。外面的风刮得很大，可他却满头大汗，里面的衣服都湿透了，和皮肤黏在一起，十分难受。就是在这样的条件下，他连续工作了8个小时，一整夜没有合眼。

到第二天清晨的时候，他完全变了一副模样：双耳通红，满身的尘土，脸上的汗和灰尘混在了一起，变成泥粘在脸上……但是，他仍未抱怨一句。他说，这就是他的职责。话语之间，我们能感受到他的那份自豪，还有他肩上的那份担当。

辣

年轻人气血方刚，应该有些脾气。王辉回忆，他参军后，没少挨上级的“刁难”，那时他的确愤怒过。他刚来的时候，还是一个懵懂的小子，处处生疏，处处胆怯。在进行新兵训练的时候，最先让他尝到苦头的就是带训老兵。他说，从一开始，军中的一些老兵就开始给他们提各种各样的硬性要求。当时的他，心中还有那么几分不服气：凭什么要你和我讲。而在训练正式开始的时候，老兵们当然也“饶不了”新兵。他记得，那时候，老兵们给下的命令中，最多的词是“必须”“一定”“立刻”“马上”。他说：既然

部队留影

下了命令，就要去做。你没有理由不去完成。王辉做是做了，但心中难免不自在。

最让他愤怒的一次，是在一个中午，他加完了班，刚要躺下休息，却被老兵喊起来打扫卫生。那天他明明打扫过卫生了，却因为地上还有一丁点纸屑，被归为“不合格”。本来加班就已经够让他烦的了，现在还要被拉起来打扫卫生。他睡意全无，强忍着自己心里的火，等老兵走了之后他跑到屋外，狠狠地对着空气吼了几声。我们问他：“你就没想过要反抗吗？”他却回答：“没有，抱怨完了以后，依旧还是去做了。当兵就是这样，有天大的委屈，也要自己忍着。当了兵，最重要的就是少问为什么，服从命令。”

他告诉我们，现在想想，他从老兵那里还是学到了不少东西，挺感激他们的。是老兵教会了他忍耐，教会了他坚强，让他学会了自我排解。这一课，他上得印象深刻。

成

时间过得飞快，在充实与快乐中，王辉度过了两年军旅生活。对此他有太多的感触。

他说，在部队中，他最对不起的人就是他的指导员。曾经在他想考军校的时候，他的指导员非常支持他，给了他许许多多的帮助。可是，因为种种原因，王辉还是没能被录取。他觉得他辜负了指导员的期望。他说，如果时间能倒流，重新给他一次机会，他会更加努力去奋斗，去拼搏。

记得在部队举办卸衔仪式的那一天，他既欢喜，又忧愁。欢喜的是，自己在外打拼了两年，成了真真正正的男子汉，可以无比风光地回家和亲人团聚了；但是这也意味着军旅生活的结束，意味着分别。他说，当班长从他的衣领上把军衔摘下来的时候，他长长地舒了一口气，仿佛放下了肩上的重担，但同时他也觉得心中空落落的，少了些什么。那夜，不少即将退役的战友掉了眼泪。

与战友们在一起

天明之际，理好行囊，准备出发。曾经对新兵毫不客气的老兵们，这一天也都赶过来告别。那些曾经让王辉恨得咬牙切齿的老兵，也拍着王辉的肩膀和他说：出去好好混。一路上，王辉的指导员始终跟在他身边。虽然两人没有对话，但是，王辉却默默流着泪水，他记得，眼泪好咸。

人生的五味瓶

成熟，是部队给予王辉最大的回报。他对青春的定义就是：年轻，自我，前进。而在部队的这两年，就是他对青春的最佳诠释。他说，通过参军，他真的见识了不少，懂了不少；也是通过参军，他明白了“不参军后悔一辈子”这句话的真谛。虽然两年的军旅生涯结束了，但是他的心仍在部队。他很支持参军这条路，想对所有打算参军的人说：“别回头，大胆去做。”通过他的故事，我们能感受得到他的那种蜕变。

趁年轻多学一些东西，总会有益处，日后都能用得到。王辉在参军过程中学会了Word、Excel等软件的应用，摄影技巧以及基本文书的写作规范。

他说部队就是一根用千万根细线拧成的麻绳，刚强、坚韧，充满着力量。

不管来自哪里，进了部队，就是兄弟。你受伤了，我帮助你；我摔倒了，你扶起我；患难与共，携手并进，风里雨里，能走到最高处的，便是勇士。

采访感悟

人们都说参军光荣，军旅生涯好，但是去当兵到底是怎么一番经历，没有真正体会过的人，恐怕是说不清的。这一次的采访，可谓是一次近距离接触军人的难得的机会。通过和退伍兵的交谈，我了解了军营中的趣事、乐事，好奇心得到了极大的满足。同时，这也引起了我的深思。军人，就是国的守护者，他们肩上担负着职责与重任。这些退伍的兵，在参军之初和我们年纪相仿，然而他们选择了放弃安逸，选择了挑战，走上了参军路。如果没有他们的坚守，没有他们的辛勤付出，我们怎能过得上这平安的日子？我想，他们是我们青年人的榜样，我们也应该像他们那样勇敢、无私，趁着年轻，多为国奉献，为民奉献，默默付出，努力成长。

——徐奕鹏　旅游管理162班

点将优秀士兵

文：吴一鸣　袁　媛　指导老师：金慧燕

人物瞄准镜

王彬，男，1992年12月出生，籍贯浙江上虞，2011年考入浙江大学宁波理工学院金融学专业学习。2014年9月应征入伍，成为武警总队一名战士。2016年9月退伍返校，继续就读金融学专业。在部队服役期间，曾获得武警市支队新训大队嘉奖及武警省总队训练基地“优秀士兵”称号，2016年7月成为一名光荣的中国共产党预备党员。

那个戴着黑框眼镜，穿着白T恤牛仔裤的文气青年，从那支自南昌而起、阅尽风尘90年的军队中潇洒归来了。

那支军队，名为中国人民解放军，90岁；那个青年，名叫王彬，25岁。

点将谱上写君名

每个少年的心中都有一个英雄梦，军人，就是王彬心中的英雄。大三时学业压力小，日子过得空空荡荡，年少时的梦想就在此时又跳入了王彬的脑海之中，于是，他心动了。

从小到大，父母都非常尊重王彬的意见，可是这一次，当母亲听说儿子要去参军时，犹豫了。王彬是家中独子，考虑到部队的辛苦，“该不该放儿子去部队历练”，母亲辗转反侧，夜不能寐。最后，母亲为了儿子的梦想，做出了决定：同意儿子去参军。做出让步的母亲也提出了她唯一的条件——

留在浙江，留在离家近一些的地方。

于是，带着父母的不舍，带着父母的期盼，带着自己最纯真的梦想，2014年9月，王彬踏上了从军之路。

优秀士兵凌烟阁

彼时的王彬已经是25岁了，相较于同年入伍的战友们，他算得上是大哥哥了，遇事自然也有了不同于他们的成熟。“波澜不惊”是战友们对他的形容。入伍前的王彬，对于军营的印象，完全来自军事类电视节目或电视剧。“军营就是电视里的样子啊。”在采访中，王彬如是说，随后，他笑了笑，仿佛觉得彼时的自己过于天真。回想起第一次进入军营时的景象，王彬眼中起了难得的波澜，是想起了那和自己心中所想相差甚远的军营风光了吗，还是想起了自己下车那一刻无法平复的心情了呢？那是一片青草漫过膝盖的荒芜之地，“破败”二字是入营时的初印象。来不及去消化这入眼的满地青草，带着一腔热血，王彬迅速投入了为期三个月的新兵训练之中。

新兵连中，王彬的战友们大多是高中或中专毕业，鲜有和他一样大三结束再入伍的大学生。与他人不同，王彬对军营的艰苦训练并无太多感触，取而代之的是身为哥哥的自豪感。在新兵连的时候，早晨起床跑三公里，洗漱和整理内务，出操和训练，日复一日的规定动作就是王彬生活的全部。回忆起这段戎马岁月，王彬感慨：“每天早晨起得比太阳早，夕阳西下时我们才被收操带回，进行简单的休息。”

一个被父亲逼迫参军的战友，和父母打电话时，泣不成声，在电话中尽是诉苦与抱怨；不能忍受通信管制的战友，偷偷拿手机发短信给家人，结果被发现后要进行自我批评；经受不住严苛且高强度训练的战友，中途放弃，选择回家……诸如此类的事件每天都在发生，但经历过军魂洗礼的王彬从未放弃过，不喊苦不喊累，成熟的他，默默承受着一切训练，一切教导，为了肩上的荣光，为了自己当初的承诺，为了中国人民解放军这个身份背后的责任。

或许因为那份成熟，王彬在两年的军营生活中，没有掉过一滴眼泪。新兵每个星期有一次和家人打电话的机会，那时的王彬向来是报喜不报忧。儿子心系父母，不愿让他们担心，父母也同样体谅着儿子。在一次执行任务期间，王彬的爷爷去世了，可是在与儿子的通话中，父母守口如瓶，直至任务结束，才将此噩耗告诉他。王彬坦言，未能见到老人家最后一面是他一生的遗憾，同时很感谢家人对自己的理解与包容。

部队生活除了严苛的军事训练，也有它轻松愉快的一面。新兵连结束后，军人们的课余活动开始变得丰富。下连之后，大家可以自行选择打羽毛球、乒乓球，打电话或者上网。虽然使用的是内部局域网，但对于年轻的战士们来说，这已经是极大的快乐。“集体生日会”每月一次，会有专人统计好本月过生日的士兵名单。战友们相聚一堂开一个集体生日派对，生日派对上不仅有生日蛋糕、零食、水果，而且有很多助兴节目，如唱歌、跳舞、武术等。

王彬回忆起新兵连的班长，心中充满尊敬与感激。他说：“当初在班长

王彬军装照

带领下训练的情景还历历在目，他教会我们各种技能，帮助我们磨掉过往的棱角，去掉学生的稚气，让我们成为一名合格的军人。”

军人之情，岂曰无衣，与子同袍。王彬印象最深的是一个长兴战友，他长相斯文，喜欢周杰伦，退役之后经营着一家烟花店。在从军生涯中，他偶尔写写文章，多愁善感。他为人十分仗义，常常为舍友的公共电话卡充话费，偶尔和战友开些无伤大雅的玩笑。因为他身体情况不太好，在新兵连时期没有参加部分高强度的训练内容。谈及此处，王彬笑笑说：“有时训练累了，还真有点小羡慕。”

王彬所在部队为武警部队，他认为自己最大的责任便是“治安维稳”。身为武警部队的一员，参与“治安维稳”是王彬的日常工作。令其印象最深刻的一次任务发生在宁波北仑，当时几个新疆人与本地人发生了激烈的争吵，当他和几名特警手持武器弹药来到事发现场后，争吵才渐渐平息。王彬表示，那件事之后，他更加认识到军人的重要性，认识到武装的力量和中国人民解放军的威慑力。“双规”两字，耳熟能详，王彬在军人生涯中也曾接受过看管“政治犯”的任务。执行任务的那段时间，要求全封闭管理，没有电话，不能写信，完全与外界隔离，气氛压抑。即便如此，王彬十分感激能有这样的历练机会。他表示，或许正是受当时任务环境的影响，他本身急躁冲动的性格有所改变，慢慢学会了耐心与理性。

在军营两年，中途由于任务需要，王彬经历了跨支队调动——从宁波调至杭州。当问及为什么要做这样的调动时，王彬开玩笑说：“可能是因为我优秀吧。”这虽然是他的一句玩笑话，但他用事实证明了他的优秀。在新兵连期间，王彬获得了大队嘉奖；调至杭州部队后，他又获得了“优秀士兵”的荣誉称号。聊及此，王彬稍感遗憾，若不是从宁波匆忙调走，他还能再获一次“优秀士兵”荣誉。

在部队的生活，累过、苦过，但王彬从未对自己的职责产生过任何怀疑，从未对自己从军的决定产生过任何悔意。直至如今，他功成退伍，笑着、光荣着。

还是同两年前一样的夏天，那时初入军营的青年，如今却要离开。部队放起了鞭炮，三四个人轻轻道别。他说，他最想在退伍前大醉一场，因为或许这种一起奋斗的故事以后不会再有，可这与部队纪律相悖，只好带着遗憾离开。卸下警衔、摘下警徽，军营生活已结束，也就再也没有兴致大醉一场了，那时，青年失神了，仿佛记忆在心里溜走。

男儿归来立长志

过往皆戎衣，归来俱男儿，脱去了一身象征着荣耀的军装，男儿归来，面对社会带给他的第二次考验。

退伍后，刚刚从几乎与社会隔绝的军营离开的王彬，并不能很好地融入当下飞速发展、日新月异的社会。王彬离开学校入伍前，满社会流行的还是通过外卖单打电话给商家进行点餐，退伍后，“饿了么”“美团”等外卖平台占据了大街小巷。刚回到学校的王彬看到外卖小哥的时候，还好奇地拦下他，想要店家的外卖电话号码，外卖小哥只留给他疑惑的眼神和离去的背影。二维码对于退伍归来的王彬也是个新奇事物。一次，王彬同好友去餐厅吃饭，可迟迟不见服务员递上菜单，却看见好友一直拿着手机摆弄，他十分不解，于是出声询问，这才得知用手机扫描二维码后即可点餐。王彬很不好意思地笑了笑，他表示，诸如此类的笑话闹了不少。

从军两年，王彬有着诸多改变，最显而易见的，便是学会了坚持，踏实学习，认真做事，明白了“冰冻三尺非一日之寒”“千里之行，始于足下”。每每有亲朋询问参军相关建议时，身为过来人，王彬认为有机会就要去尝试，最佳时间是初入大学或者大学毕业之后。高中毕业，文化知识储备较好，部队有干部考试，主考语文、数学和政治，初入大学知识记忆犹在。若在大学期间入伍，压力相对较大。大学毕业后参军提干机会较大，培训后可作为后备干部。

难忘那段武警岁月带给他的感触与激动，如今，王彬正在积极备考警察，他立志将“为人民奉献”作为一生的心之所向。

“军人”，多么神圣的两个字，一旦拥有就不敢辱名也不愿辱命，王彬做到了!为了不辜负心目中最神圣的军人身份，为了成为自己的英雄，为了让自己快速成长，为了拥有坚定的意志力，王彬踏入了那支苍龙之师、威武之师，踏入了这支在松嫩平原上负雪爬行、从不退缩的军队，踏入了这支在上甘岭上愈挫愈勇的部队，踏入了中国人民解放军队伍，用自信和从容历经磨炼，从不后悔，从不言弃。

采访感悟

于我们而言，能有机会采访大学生退伍士兵这样一群人，是非常难得的机会；于我们新闻系的学生而言，能有机会参与不同的采访也是非常好的锻炼机会；在建军九十周年这样一个特殊的时间里，我们能接触到、了解到中国人民解放军的故事，十分荣幸。

在采访王彬的过程中，我们了解到了许多军中日常，并不如想象当中的那么严苛，部队也有它轻松欢愉的一面。

这次的采访也让我们感触颇多——以前只觉得部队遥不可及，当真正了解了它之后，对于它的尊敬是更上一层的；士兵入伍，两年不归，为了责任、荣耀、国家，每一位军人克服思家之绪，在部队中默默磨炼自己，我们对军人更尊敬了。

——吴一鸣　袁　媛　新闻161班

在无声的对抗中书写青春

文：袁　媛　指导老师：曹峰旗

人物瞄准镜

陶月辉，男，1995年8月出生，籍贯江苏兴化，2014年考入浙江大学宁波理工学院电子信息专业学习。2014年9月应征入伍，成为中部战区某团一名电子对抗兵，2016年9月退伍返校，继续就读电子信息专业。在部队服役期间，获得“优秀士兵”称号。

2014年的夏天，一位来自江苏的少年，抱着对人民解放军的向往，抱着一腔热血与期待，乘上了北上的火车。他，就是浙江大学宁波理工学院信息学院电子信息专业的学生——陶月辉。

在那个蝉鸣的夏天北上

自小，陶月辉就是《我是特种兵》的铁杆粉丝，每当看着电视中战士们在枪林弹雨中奋力拼搏，他的心中总是热血沸腾，他想象着若是自己也身处那绿色军营之中该有多好，他认为那就是他想要追求的生活——即便辛苦也无怨无悔。高考的结果不太理想，他沉睡的梦想渐渐苏醒。陶月辉开始思考着他人生的另一种可能性——参军。此时，他的想法很简单，部队可以锻炼自己，也能保留学籍，让他日后可以继续读书。那时的他体型较胖，爱打游戏，种种的坏习惯，让他愈发坚定自己入伍的想法。然而，这样的可能性却遭到了母亲的反对——陶月辉是家中独子，母亲不忍儿子吃苦，开始一直持反对态度。但是，陶月辉的父亲却极力支持儿子的想法。父亲认为男人就该有责任、有担当，必须锻炼好自己的身体，塑造好自己的思想心态，待到以后真正踏入社会时，能够更加成熟，而不是天真地认为社会即是心中所想。父亲的想法很好地传达到了儿子心中，也最终说服了母亲。

于是，这个将着军装的青年，告别了学院成片的香樟，告别了伙伴的谈天与打闹，告别了家人的殷切叮咛，在那个蝉鸣的夏天，北上了。

如果回家了，别人会怎么看？

初到新兵营的陶月辉，饶是实现小时梦想的兴奋感，也盖不住他面对如此环境的陌生与孤独。家中独子享受的呵护在军营生活开始的瞬间，在残酷的新兵训练的刹那，土崩瓦解。

新兵，首先要求的就是练体能。在繁多的训练项目方面，那时体型较胖的陶月辉有些吃不消，再加上成天的训练，纵使少年心中坚定，身体也不堪重压。训练期间，其实有一次机会是可以让坚持不下去或身体条件不再允许的士兵回家的。“如果回家了，别人会怎么看？”陶月辉这样想，即便动过回家的念头，但为了父母的期盼，陶月辉咬牙坚持了下去，是为了自己，也是为了让父母拥有一个能吃苦、能坚持、能争光的儿子。

然而，新兵营并不是军营生活中最苦的阶段，老兵连才是最难熬的，因为到那时你已经回不去了，你能做的就是咬紧牙关、坚持下来，你如果坚持不下来，没有人会同情你。

陶月辉的班长在训练中对士兵们要求非常严格，不存在身体不好就能够歇一歇的情况。本着一股能多做一个动作是一个，能坚持一会是一会的劲，陶月辉一直坚持着，不断突破自己。

陶月辉一直对自己高要求，他想要做一个成功的人。这样的信念也支撑他不断克服困难，挑战自己。在部队训练中，五公里的跑步训练对陶月辉来说并不简单，但他总会坚持下来。对此，他有自己的想法：“做一件事，如果你不能从一而终地做下去，你会什么事都做不好。有时候，容易的事或许能一蹴而就，但困难的事，你要经过很多步骤，你会很难完成它。若你只会做简单的事，你只能是一个普通人；若你能完成困难的事，那你就是一个很成功的人。”

再坚强的男孩，也会有想哭的时候。回想起自己哭泣的经历，陶月辉有些后悔。那还是在新兵营训练时期，因为身体素质不如他人，跑步的训练对于陶月辉来说有些吃力，在经过适应期之后，本来情况已有些好转，可他却得了骨膜炎，难以行走。当时的他特别害怕自己在退伍后会成为一个瘸子，加上难以忍受的疼痛，在一次和父母的通话中，坚强的青年终于忍不住哭出了声。父母觉察儿子情绪不对，再三追问，可他不愿让父母为他担心，强忍泪水不说一字，匆匆忙忙挂断了电话。如今提起此事，陶月辉的语气仍然低落。后来，放心不下的陶家父母，打电话向班长询问此事。班长在得知了此事后，将陶月辉严肃地批评了一番。班长告诉他，男人要坚强，部队中向来是报喜不报忧，严苛的纪律不允许你回家或是父母来探望，你即使哭出声、说出口，也只是徒增父母的担忧。

自此之后，无论多困难，他都没再哭过，除了那件事——服兵役期间，陶月辉的外婆去世了。然而，部队有部队的规定，服役期间，若非直系亲属去世，是不得回家探望的。止步于严厉的军中规则，陶月辉没能亲自送外婆一程。为此，坚强的少年再次落泪。

所有的一切，最后都会化为甜蜜的回忆

每个军人的军旅生涯，总会有印刻心间的人或事。刻在陶月辉心上的是一个内蒙古的姑娘以及他和那个姑娘之间的故事。

他们的相识源于一位战友的介绍，电话是他们唯一的交流渠道。从一开始只谈那位战友的趣事逐渐到无话不谈，每一个星期天下午两三点的时候，女孩都会接到男孩的电话。为了和女孩有话可聊，男孩在每次打电话之前都会写一张纸条，写好什么时候聊什么话题，一个话题说完了下一个话题是什

么。渐渐地，每星期一次的通话成了他们之间心照不宣的事。2015年2月，他向女孩告白了。彼时他们还未见过面，凭着电话线传递的声音，男孩首先说出了诺言。3月，女孩寄了一本相册给男孩，扉页上写着这样一句话："我会永远站在你的左边，拉着你的左手，因为我知道你的右手永远属于祖国。"后来，男孩外出参与演习，与女孩念书的地方很近，他们第一次相见了。就如同每一对甜甜蜜蜜的情侣一样，他们倾诉着自己的爱情，没有感伤。只是故事的结局，并非如他们所愿。

采访中，再提起和这个姑娘的往事时，陶月辉还有些许留念，他说他很感谢那个女孩，她算是他在部队坚持下去的精神支柱之一。随后，他的眼神又迸发出阵阵期待："今年暑假，我会去内蒙古找那位战友，他恰好转士官休假，我要同那个女孩拍一张合照——给自己的两年一个交代。"

军营里的故事，除了心尖儿上的姑娘，还有身边共同进退的好战友们。路家明和王凯是陶月辉最要好的兄弟。自新兵连开始，他们就相识相知，无话不谈。时至今日，他们的联系也从未间断。陶月辉这样形容他们的感情——相遇的时候会特别激动，叫对方名字会震天撼地地让整个操场人都能听见，然后就开始相互笑骂起来。

两年军营，短暂却足够让陶月辉学习良多。提起给予他影响最大的那位老连长，他用了一个词来形容——"铁人"，无论做什么事，他都会身先士卒，以身作则。老连长之前是一位机关干事，陶月辉本以为老连长对实战一窍不通，可是，他仅用一年的时间就把所负责的连队在军事训练中的名次从倒数第三名变成正数第三名。叙述中，陶月辉的言语间，流露的是藏不住的敬佩。

在采访中，陶月辉还谈起父母的一次探望。在他刚刚下老兵连的时候，父母想来北京看看他。由于母亲不敢坐飞机，父母选择从江苏坐大巴来北京。路途遥远，待父母一路颠簸而至之时，指导员却不准陶月辉假，只允许他们在军区内的一个小超市匆匆见上一面。见面时父母的神情重重打在他的心上，那是思念，也是自豪。

酸楚的故事，在军营中，也不止这一则。同一个连队的战友讲究有罚一起受。有一次，一位战友在站岗时睡着了，被参谋长碰个正着。于是，夜晚时分，整个连队被要求紧急集合，先跑40多圈，随后走鸭子步，再做300个俯卧撑。炎热的夏夜，紧急集合的茫然和训练后的汗液在夜晚的热风中混杂，脸上流下的早已不知是泪水还是汗水。最后，班长才公布这次紧急集合的真正原因，一群大男人的无奈、劳累、带着笑意的喊骂，一时间响彻了操场。

在军营里度过的两年时光，有时品酸楚，有时尝咸泪，但所有的一切，最后都会化为甜蜜的回忆。

退伍的那一刻如同放电影一般

“风尘天外飞沙，日月窗间过马”，时间来到了最后的夏天，两年军营生活，终须一别。退伍士兵整齐列队，升国旗，奏国歌，卸军衔，简单的流程下来，陶月辉意识到——结束了。

一日军人身，终身军人魂——不会忘记“忠于共产党、服务人民、保卫国家、报效祖国”的军人职责，不会忘记“坚持、坚定、不言弃”的军人品格，不会忘记“放心吧祖国，放心吧亲人，为了胜利我要勇敢前进”的军人精神。回忆这匆匆两年，各式各样的训练仿佛永远定格在了昨天，流过的汗、流过的泪永远地留在了昨天，同战友们一起过生日吃的蛋糕也永远都只会是昨天。

退伍后回到学校的陶月辉，在生活上一时间还改不掉严格的内务整理习惯，总会在清晨最早起床，总会习惯性地打扫寝室卫生，总会把被子叠成方方正正的豆腐块。室友见了他如同豆腐块一般的被子时常会打趣他。回到学校后，高中毕业便去从军的陶月辉，在同届生中已是大哥哥了，可他如同每一位新生一样，积极参加学生社团，参与丰富多样的志愿者活动，只是在这繁忙的学习工作中，他也时常会怀念军营时光——那段永远难以忘怀的人生片段。

退伍的那一刻如同放电影一般，那画面在陶月辉的脑海中一遍一遍地回放。大红花戴上胸前的那一刻，军衔被卸下的那一刻，举起右手再敬礼的那一刻。他纵有千般不舍，也要勇敢地向未来奔去。只是，未来，再合并的右手，再举起的右手，再敬出的军礼——不献给国家，只留给无悔参军的自己，只留给那永远被烙上迷彩绿色的青春。

“心之所向，素履以往，生如逆旅，一苇以航。”不是每一个人都会选择入伍参军，不是每一位入伍的士兵都会不后悔自己的选择，不是每一位坚持到底的军人都会在多年后还会回想起他曾将最美好的年华献给了最伟大的祖国。

“如果父母当初极力反对你去当兵怎么办？”回答是，“一苇以航也当去”。

“绝不后悔？”回答是，“心之所向，宁死无悔”。

陶月辉——北上赴军路，南归附军魂。

他的身上，披戴着中国人民解放军的日月辉光。

采访感悟

建军九十周年之际，刚刚上大一的我，非常幸运地参与到这次“学子强军梦——访大学生退伍士兵”的实践活动中。

在这次实践中，由于既是校报记者团成员，又参与了后续暑期实践，我采访了两位大学生退伍士兵。或许是本身的新闻专业使然，这样的采访令我兴奋。无论是前期采访还是后续写作，我都从中获益良多。

在采访大学生退伍士兵陶月辉时，我感触颇多——部队再不如想象中的那样严肃庄重，更多的是身处其中的梦想、故事以及丰沛的情感。

他们在部队只有如日月窗间过马的两年，他们当下的故事仍携带着军人的荣光在继续。

——袁　媛　新闻161班

通信工程专业走出的地空导弹有线兵

文：顾佳莹　指导老师：曹峰旗

人物瞄准镜

连振东，男，1995年1月出生，籍贯福建永安，2012年考入浙江大学宁波理工学院通信工程专业学习。2014年9月应征入伍，成为一名地空导弹兵，2016年9月退伍返校，继续就读通信工程专业。

2014年，那个蝉鸣的盛夏，背上行囊，远离家乡，离开大学校园，离开安逸的生活，带着满腔热血抛弃一身稚气，踏上军营之旅，从此以后他就成了真正的男子汉。

信息学院通信工程专业的连振东同学，毫不犹豫地在电脑面前按下了“确定”的按钮，踏出了“预谋”已久的参军第一步，才松了一口气。一年前，他偷偷地做了近视眼激光手术，说服了一直很反对自己参军的父亲，做好了充足的准备，只为去体验大学里体验不到的军营生活，增加人生阅历。参军的日子越来越近，他心中对参军的期待也越来越大，曾经在电视上看到的《士兵突击》《射天狼》《刀锋1937》，每天扛着枪、越野、野外求生的生活即将实现，他的心中激情澎湃。

二话没说就吃了这只螳螂

连振东刚进部队的时候充满着期待，想象中的军旅生活终于要开始了。当时收到的消息是去南京当兵，没想到最后去的是江西。去往部队的路上，

连振东坐的车子穿过一望无际的树林上山，车开了很久很久才到达。当时的内心感受是，这是要归隐山林了吗？想象中军营是一大片空地和崭新的训练营，展现在眼前的却是隐匿在树林中几幢破旧的矮矮的老营房。

刚进部队的时候，新兵连的班长把连振东领进了空军地空导弹兵下属通信连队有线兵种。他适应能力很强，进去一个星期就适应了。在别的战友打电话哭或者是笑的时候，他的内心也有很大的感触，但既然都已经进来当兵了，自己做的决定就不能后悔，不能因为这么点小事情就哭鼻子。

“当兵后悔三个月，不当兵后悔一辈子”，这句话真是没错，最苦的是刚进去时的新兵营训练的三个月。但是，现在回想起来最有趣、印象最深刻的记忆也还是新兵营训练的三个月。连振东刚开始感觉很累，有时半夜突然一个紧急集合，全副武装出去跑步，跑完全身都湿透了，回寝室一倒头就睡着了。连振东在新兵连里是副班长，他不仅要训练，还要带着战友们一起训练，还要喊口号。他很照顾自己同班的战友，轮到自己班帮厨的时候，打菜打饭的时候都给自己班的战友多打一些，有橘子就挑大个头的给同班的，在部队里这种微不足道的事情都能成为一种幸福和满足。

连振东褪去了稚气，变得越发成熟、有担当，从一个男孩子变成了男人。在当兵的两年间，他每次给父母打电话都是报喜不报忧的。当然，他也不经常给父母打电话，有什么事都自己处理。

连振东讲了几件有趣的、印象深刻的事。在某次站军姿的时候，开始他们是背对着太阳站的，不知道站了多久，班长一声令下“向后转”，说，“要面对着太阳站，这样两面晒得均匀一点，不然肤色就黑白配了，而且不能眨眼，直到眼泪流下来为止。”此时连振东的内心是绝望的。还有一次也是站军姿，不知道站了多久，腿都没有知觉了，班长开玩笑地举着一只螳螂说，谁把他吃了全班就能休息。他问：“有人吃吗？” 连振东毅然说：“我吃！”耿直的连振东二话没说就吃了这只螳螂，结果满嘴的青草味，一个上午都没有消掉。还有一次，检查内务卫生的人戴了一个白手套，走到哪里摸到哪里，只要手套黑了，就要再搞一次卫生。连振东笑着说这些事，都不知道自己是怎么过来的。还有一次班长大发慈悲让战友们去小卖部买东西吃，第二天晚上，因为零食没放整齐，班长生气了，让战友们两分钟内把所有零食都吃完。连振东只买了两条士力架，吃完后就去帮别的战友一起吃。

他们在军队里每天都要上爱国主义教育课，连队里一个连长一个指导员，一个负责军事，一个负责思想，下午上政治教育课，晚上则是看时事新闻，看完新闻后就要被点名发言，发表自己对这些新闻的想法和体会。有时候首长会上大课，大家就在大礼堂里笔挺地坐着，保持一个下午。

这个荣誉我就让给他了

在部队里，吃的苦越多，战友间感情越深。

和连振东关系最好的一位战友叫杨帆，连振东经常和他一起吃苦。“他比我大几岁，但是长相却比我年轻。他比较随和，脾气好，很照顾我。新兵连一开始是六个人，但有三个人去学习了，所以另外三个人要干整个连队的活。冬天天还没亮，我们就要打着手电筒在外面扫地。部队里种的是樟树，一年四季都在掉叶子、果子，扫地工作量很大。杨帆和我干活时是最积极的。我在第一年的时候本来有机会拿优秀士兵的荣誉，考虑到杨帆是大学毕业后入伍的，有机会提干，而我大学还没有毕业，没机会提干，获得这个荣誉也只是能多拿五百元钱，他比我更需要这个荣誉，所以我就‘让’给他了。”连振东打趣地讲着他的这些过往。

做一件事不难，难的是日复一日、年复一年地做同一件事。

部队里一天的生活，从早上五点叠被子开始，光叠被子就练了一个月，然后是帮厨，训练，早操，吃早饭，列队训练，练枪。下午体能训练，单杠、仰卧起坐、跑步等，晚上练一百个俯卧撑、一百个深蹲、一百个仰卧起坐。最累的是练引体向上。连振东说：“当时在军营里练的时候可苦了，拿绳子吊住手腕练，第一次练手很疼，我就拼命练。现在大学生引体向上只能做几个，其实只要他们稍微努力练的话，进步空间还是很大的。”

在别人的眼里，当兵是很枯燥乏味的，但其实真正在连队里生活的这两年，业余生活还是蛮有趣的，有益于身心健康。班与班之间组织打篮球、踢足球，挥洒汗水。在春节的时候连队还会组织文艺会演。连振东连续两次上台表演舞蹈，也是很开心的。

连振东感到心酸的是在当兵两年中不能回家探亲。当然，期间也没遇上家里什么特别的大事。就是第一年奶奶八十大寿不能回家，想给奶奶送祝福也不能打电话；第二年堂哥结婚也不能回家，伯母打电话过来都哭了。

只要是训练都是苦的，特别是在新兵连训练的晚上，要时刻警惕着会不会突然紧急集合，都不敢睡死。只要吹哨紧急集合，就要在两分钟之内扎好行军包、穿好迷彩服到操场集合跑步。汗水总是打湿衣襟，全身都是疲惫的。

让连振东感到甜的是，在连振东20岁生日的时候，“我的班长正好休假回家了，那天我在值班室里值班，突然就接到了班长的电话，说我给你买了个蛋糕，还有一点华莱士，你来门口拿一下。班长在那么一点休假回家的时间，还心系着我的生日，我真是蛮感动的”。

火辣辣的太阳让连振东感受到辣。一年四季都是穿迷彩长袖，夏天的时候，从连队走到食堂全身都湿了，吃完饭，洗过澡，把衣服的汗水拧干，下午还接着穿。

这个小伙子真不错！

连振东一脸严肃地说，自己的想法转变很大，在没当兵之前都不知道父母的辛苦，有事常依赖别人。退伍回来后，他学会了独立生活，会自己主动去找兼职，学习也更加努力了。曾经那个只知道逗别人笑的男孩子，现在已经是很有担当的男人了。

作为一名军人，连振东认为保家卫国是最核心的，有些事情总得有人做，如果大家都不愿去当兵的话，那肯定是不行的。这几年国家征兵的力度非常大，这对于国防安全是很重要的。连振东谈到这个问题的时候没有轻松时的幽默，眼里满是对国家和军队的自豪和希冀。

军营这两年教会连振东四个字“做人做事”，学会谦虚做人，收起自己的小脾气，学会尊重长辈和他人，对前辈们怀有学习之心和敬畏之心。

“听吧，新征程号角吹响，强军目标召唤在前方，国要强，我们就要担当，战旗上写满铁血荣光，将士们，听党指挥，能打胜仗，作风优良，不惧强敌，敢较量，为祖国决胜疆场……”最难忘的军歌是强军战歌，新兵连教的第一首歌就是这一首。在新兵连的时候，在吃饭之前都要唱军歌。在第一次唱军歌的时候，其他人都忘词了，只有连振东还大声有力地唱着歌，结果被连长点名夸奖，“这个小伙子真不错！”

“在军营里经历的每一件事情都是一种磨炼和成长，班长踹自己几脚，也是因为自己做得不够好，动作不标准，这是每个当兵的都会经历的事情，他们都是为我们好。”所以连振东心里只有感谢。

新兵连的班长对连振东的影响最大，他是第一个把连振东领进连队的人，也是把连振东从一个地方青年转变成一个合格军人的领路人。

两年来最让连振东感到遗憾的有两件事。第一是没有参加过实弹打靶演习，即用导弹打无人机。在演习时连振东都是在后方留守，保障通信，把固定电话传到演习的地方去，只能在播放大厅看实况转播。第二是没有拿优秀士兵的荣誉。

连振东在退伍前最想做的事是，再打一次靶。百米打靶，虽然拆枪、装枪练到手上全是伤口，衣服上全是枪油，但是他觉得打靶的时候是最帅的。

“我当兵两年只哭过一次，就是退伍的时候。站在军旗下，最后一次点名、最后一次敬礼，已是眼含热泪。眼泪真正忍不住的时候是在上车要离开的时候，每个战友都互相拥抱，但是命令已经下达，就算再不舍，也还是要服从命令上车。毕竟我是一个军人，这也是最后一次服从命令了。班长一直把我送到车站，目送着我离开。在退伍仪式上，新兵连的班长帮我把军衔卸了，当初也是他把军衔给我戴上去的。这是我自己要求的，有始有终。”

退伍回家的时候，连振东并没有特别激动，就像往常一样，回到阔别两年的家，自己给家人烧了一顿平常的饭菜。

“和两年前的自己相比，外貌和心态都老了一点，刚回来的时候有点不适应，感觉身边一起学习的同学都好小，生活作息也没改回来，在部队里时间都是安排好的，回校后一时会感到很失落。每天我还是六点起床，走路也还是摆臂踢腿，不过两三个星期后也就适应了。在部队里的饭菜只要是煮熟了就行，很难吃，一群人坐在食堂里而且要在规定的时间内吃完，江西人的口味很重，无辣不欢，比方说炒一个青菜，要放五种辣椒，小米椒、剁椒、灯笼椒、花椒、青椒。作为不能吃辣的福建人我也硬生生被锻炼出吃辣的能力，喊口号喊到嗓子都喊不出来了，但还是要天天吃辣椒。现在回到学校，吃到学校的饭菜觉得超级好吃，以前怎么都没发现呢！”

目前连振东的打算是要先完成补修的课程，先毕业，然后考个警察，因为对制服有特殊的感情，还有一颗保家卫国的心。

连振东想对还在部队服役的战友说：“希望拿出自己的一腔热血做好自己该做的事，尽到自己应尽的职责，辛苦你们了。”他还想对和他一样退伍的战友说：“希望你们能永葆本色，退伍不褪色。”

连振东对青春这么理解：“青春就是自己想做什么事就去做，别让自己后悔。就像我想当兵我就去了，就算爸妈不同意我也要去，趁自己现在还年轻、还无忧无虑的时候就去做吧。”

如果让连振东再选择一次，他还是会去当兵的，但是可能会换一个兵种，去体验更苦、更锻炼人的生活。

现在连振东的生活已经变得不平凡，那一抹迷彩绿色在他心中会指引他走得更远！

采访感悟

“当兵后悔三个月，不当兵后悔一辈子。”每个当过兵的人都会这样说。

在普通人的眼中，军人受人敬佩崇敬，但当兵苦，当兵累，这又是一件让人不敢轻易尝试的事，普通人无法轻易了解其中的滋味。作为一名大学生，我感觉当兵这件事距离自己很远，直到接触到了退伍大学生，从他们口中了解到了遥不可及的军营生活，原来那是枯燥又开心的。

我一直很佩服那些想做什么就立刻去做的人，连振东就是这么一个人，想去当兵就提早一年做了激光手术。当兵使一个人成长、成熟，性格也会发生变化，在军营里与战友们一起流泪流汗、并肩作战、同吃同住的集体荣誉感和使命感，更是让我感受到了军队团结的力量、家一般的温暖。当兵也可以强身健体，每天跑步拉练、站在太阳底下暴晒、半夜练操，不断地磨炼着每个军人的意志，让他们以更高的标准来要求自己。想必经过了军营的锻炼的人，未来在社会上不管遇到什么困难都是小事一桩。

这次采访加深了我对军队的认识和了解，我越发敬佩军人，越发为自己的祖国自豪。作为一名当代大学生，虽然没有当过兵，但是也要以军人的标准要求自己，努力学习提升自己，实现自己的人生价值。

——顾佳莹　工业设计151班

成就一个优秀的自己

文：张清清　王相回　指导老师：吴新林

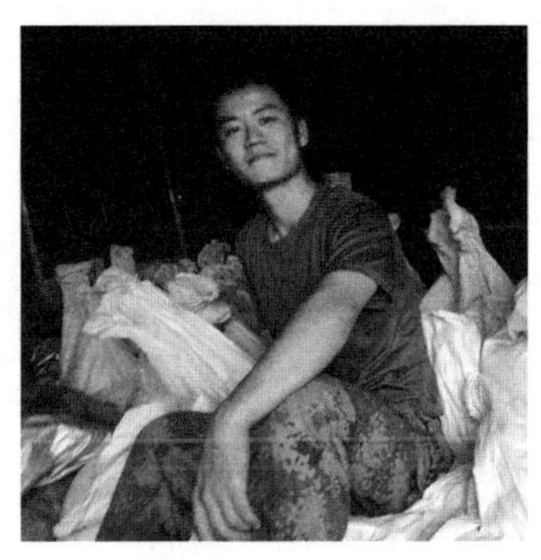

人物瞄准镜

蒋迪，男，1992年2月出生，籍贯浙江宁波，2011年考入浙江大学宁波理工学院机械设计制造及其自动化专业学习。2013年9月应征入伍，成为一名工程兵。2015年9月退伍返校，继续就读机械设计制造及其自动化专业。在部队服役期间，两次获得“优秀士兵”称号。在大学期间，担任校艺术团副团长。

2017年6月，蒋迪从浙江大学宁波理工学院顺利毕业。刚刚毕业的蒋迪接受了我们的采访，如数家珍般回顾了那两年军旅生涯，仿佛那就是一个魂牵梦萦的圆梦之旅。

圆军梦：带着美好憧憬踏上军旅

2013年的9月，耳畔三伏蝉的鸣声渐次起伏，夏日的熏风裹挟着灼热的炎气。新学期的到来，让大学校园内充满了欢声笑语。而这一年也是全军第一次夏秋季征兵。机能学院的蒋迪同学，本应在9月开始自己新学期的大学学习和生活，却在此刻，选择了去军营锻炼自己，选择了去实现自己的梦想，去成为一个他从小就憧憬着的军人。

他是家中自己那一辈里最小的一个孩子。当他提出要去实现自己从小的“当兵梦”后，家中的几个哥哥都支持他们最小的弟弟。或许是因为哥哥们也拥有着同样的梦想，拥有着同样想要参军的一腔热血，却遗憾地没有机会，所以哥哥们不愿蒋迪留下任何的后悔和缺憾，鼓励他抓住圆梦的机会，成为一个真正的军人。但是奶奶疼惜孙子，不舍得蒋迪吃苦，想要挽留他。老一辈的担心不无道理，军营的训练残酷而苛刻，生活条件很是艰苦。奶奶生怕孙子在军营中吃苦受累，食不果腹，反复地劝着蒋迪，要他打消参军的念头。

但是蒋迪知道自己早已打定主意要成为一个军人，成为一个肩上可以承担国家重任和人民安危的军人，成为一个可以作为祖国后盾的军人，可以让人民倚靠的军人。所以，他在得知自己被批准入伍的时候，激动不已。他来不及多想，只觉得自己离梦想越来越近，离成为军人越来越近。他不禁欢呼雀跃，为自己即将实现的梦想而感到高兴。但静下心时，他却突然发觉，身后的家人和朋友，将离自己越来越远，他心中有些许的不舍。可即便如此，他也要义无反顾地踏上从军之路。

蒋迪入伍报到前留影

于是，22岁这一年，蒋迪成功实现了自己的梦想，成了一名工程兵。参军之前，在蒋迪的心中，军营生活是非常美好而充实的——早起早睡，可以接触军人才能接触到的武器装备，还可以强身健体，锻炼出令人羡慕的肌肉。而同时，他也希望在参军的过程中，能够改掉自己之前不好的性格和习惯。蒋迪认为，参军之前自己责任心不够，遇到困难常常放弃，比较浮躁，也容易冲动，只要是听见或是看到让自己不开心的东西，便会有情绪。

而军营之中，困难常有，命令如山，大家都需要经历艰苦的训练，这样才能够成长为优秀的军人。所以蒋迪满怀着信心和期待，希望自己能在这两年之中，成为一个优秀的军人，也成为一个更优秀的自己。

新兵营：梦想与现实的第一次碰撞

第一次到新兵营的景象，至今还历历在目。那是梦想和现实的第一次碰撞。

到新兵连的时候，是一个正在下着雨的夜晚。潮湿凝滞的空气，黏稠地紧贴着皮肤。阴沉的天气，铅灰一般压抑的色泽，寒秋的雨水顺着树叶向下流淌。带兵的干部把蒋迪领到炊事班，给他吃了一碗蛋炒饭，颇有种“最后的晚餐”的意味。然后带他来到班级，他抬头一看，噢，五班，很随意，却又充满了亲切的意味。

班长从一同来的两个新兵中，选中了蒋迪。班长对他说，赶快洗洗睡下，床已经铺好了，枕头也放好了。

蒋迪躺在床上，感觉空气是凝固的，枕头也是硬的，心里有一种梦想和现实不同的落差感。他的心中没有其他的想法，只是反复地念叨着“两年”“两年”，然后伴着对未来两年的期待和不安，沉沉睡去。

接下来，就是为期三个月的艰苦而残酷的新兵训练了。

真正的好钢需要淬火，真正的利刃需要锤炼。不经过新兵连的训练和磨难，就不能算是一个真正的军人。温室只能培养小草，历经风雨才能成为参天大树，遮蔽四方。

等待蒋迪的将是不断的磨炼，精神、心灵和肉体的考验。对他来说，这可以算是脱胎换骨的重生，是成为一个真正军人的历练。

人们都说“当兵后悔三个月，不当兵后悔一辈子”，蒋迪认为，不当兵的话，这个梦想将会一直纠缠自己，让自己后悔遗憾，念想一辈子。他和他身边的战友，都没有后悔新兵连的生活，大家反而都很怀念自己当新兵的日子。

“也许你有个魔鬼教官、冷酷班长，但那又怎样呢？收获最大的还是自己。”蒋迪谈起自己的新兵生活，对于艰苦生活条件和苛刻的训练毫无怨言，反而对新兵生活充满了感激。

“后悔？不存在。”

当三个月的新兵生活结束之后，蒋迪第一次给爸妈打了电话。电话房中的同年兵都在哭，似乎是给他们自己三个月以来的训练成果一个交代。而他，却说不出话来，想说的话可能太多，哽在喉中，又或是没有头绪，不知从何说起。终于，他开口说了话，却不知道自己究竟说了些什么。

挂断电话的一刻，大脑一片空白。没有任何的想法，没有任何的念头，就这样持续了一分钟。

突然，泪水就决堤而出。

军营的生活鲜少有休假，连法定假日都要在军营进行训练和休整。其间，以前的同学或是朋友，参加了实习工作，参加了面试，甚至结婚生子，蒋迪都不能及时地赶回去，不能陪在他们的身边见证人生一个又一个重要的转折点，蒋迪的心中多少感到遗憾，但是却从来不会后悔，因为这是他自己选择的道路。

然而，艰苦的军旅生活中，也有着让他感到温暖的时刻。不论是在有任务时，大家拧成一股绳，朝着同一目标努力；还是在平日里一起风餐露宿，一起挨批评，一起受表扬；或是偷了闲时，和几个战友找个地儿聊聊天，讲讲自己的故事，自己的经历，这是只有在部队这样的一个大家庭中才能感受到的温暖，是只有在这里才能拥有的无价的感情。这些军旅生活的经历，终将成为他的财富，成为他一生的回忆。

而且，军旅生活也不单单只有艰苦枯燥的训练，虽说很少有真正能够放松休息的时候，但是军队生活中也有大家一同欢乐的活动。这里不仅有文艺比赛，还有体育比赛，以及晚会和其他各种活动。蒋迪不无骄傲地说，他的一位战友甚至和营教导员一起筹备创建了营图书馆，不仅丰富了自己的业余生活，也造福了全营。

谈到作为一名军人的职责，蒋迪认为，就是要像雷锋一样，做一颗螺丝钉，做一块砖。为国家服务，为党和人民服务。两年的军旅生活改变了他许多。他不仅收获了优秀的榜样，也见识了引以为戒的事例。蒋迪的连长，他心目中的榜样，是对他影响很大的一个人物，是一个果断、负责并且睿智的人。而参军前曾评价自己责任心不够的蒋迪，也通过两年的军旅生活，成为一个优秀的军人，自律、负责、守纪。

“秋天我当兵来到绿营房，迎接我的是那宽广的练兵场，从此我生活战斗在这地方，投入了大熔炉，是梦想在飞扬；冬天雪茫茫弥漫绿营房，寒风洌洌吹打在我的军衣上，巡逻的大脚踩得雪窝吱吱响，严酷的日子，我懂得什么叫坚强……”《军营四季》，这是蒋迪最为难忘的一首军歌。在部队的新年晚会上，他为全体战友献唱了这首他最喜欢的军歌。即便时至今日，它的旋律也始终回响在蒋迪的脑海中，它的歌词也始终铭记在蒋迪火热的心中。

可是，白驹过隙，两年的兵役期，很快就要结束了。

退伍令：离开军队的那天，他哭成了傻子

蒋迪是在2013年9月第一批应征入伍的，这也意味着他得在两年后的9月第一批退伍。然而夏天是演习、训练任务最重的时候。在那个夏天里，蒋迪一心和战友们一起训练、一起准备演习。谁也不知道退伍军令会在什么时候下来，谁也不想知道退伍军令会在什么时候下来，谁也想不到退伍军令会在那个夏天，那么快地到来。

9月，树上的蝉儿仍不知疲倦地鸣叫着。军令下来了，没有任何更改的余地，是时候该离开了。停止自己和战友的一切练习，停止准备了那么久、付

出了那么多却没来得及参加的演习。没有能够和一起训练了这么久的战友们完成最后的演习任务，他感到很遗憾。

离开军队的那天，蒋迪哭了，用他自己的话说：哭成了傻子。树上的蝉儿也跟着他一起哭。曾以为自己够坚强了，有泪不轻弹，可没想到眼泪还是从自己的眼眶里挣脱了出来。他多么想再倒回一年，倒回一个月，哪怕一天也好。他亲手摘掉了自己的军衔，轻轻抚摸着它，就像妈妈安抚着自己的孩子一样。站在军旗前，他使出了全身最大的力气，向军旗敬礼，对这个将来让他魂牵梦萦的地方，做最后的告别。有一瞬间，蒋迪的眼里只存在着那面鲜红的军旗，一切都寂静了，风不吹了，树不摇了，云不动了，连从不停止说话的蝉儿也睡着了。

他不禁想起了和队友一起在南京抗洪时的情景。

河水早已和堤坝平齐，地势浅处，河水已经漫过堤坝流向沿街民房，部分民房地面积水已有六七十厘米。天阴沉沉的，雨一阵阵下得很急。

在雨中，有的战士挥起手中的铁锹，往麻袋中装进沙土；有的跳进水里，接过沙包准备垒出一道新堤坝。蒋迪和自己的队友们，个个都争分夺秒不敢怠慢，喊着号子，干得热火朝天。因为他们深知，此刻南京需要他们，只有他们的铮铮军骨，才可以筑成拦截洪水的坚实堤坝。

而现在竟已经到了结束的那一刻，“酸甜苦辣”的军营生活在蒋迪的脑海里只剩下了“甜”的记忆。他用八个字来概括这两年来的整个军营生活：挥洒青春、磨砺精神。在一个人最青春韶华的时候，离开安逸的生活，离开俗世的安乐窝，毅然决然地选择了前往军营，挥洒汗水，保家卫国。这八个字，不是每个人都能做到的。

两年军营的生活经历成了蒋迪这一生最大的财富，为蒋迪的这一生写下了浓墨重彩的一笔。它教会了他如何磨炼自己的意志，如何克服人生道路上遇到的磨难。生活有太多的不如意，每每遇到不如意，蒋迪总能回想起自己在军营里的生活，回想起和自己一起奋斗过的战友。因此，面对再不开心的事，蒋迪的嘴角总能露出一丝微笑。

退伍后的蒋迪回到了学校，回到平凡的校园生活。可他的经历，使他不再平凡。军营里的生活，使他养成了很多军人的习惯。重新回归学校生活最开始的那段时间，他还会有点儿条件反射，躺在床上不敢打开手机，有人喊他的名字，他也会不自觉地大声喊“到”。但很快，他就适应了过来，迅速投入学习中，迅速和新同学缔结了友谊。毕竟，两年的军营生活使他的适应能力大大提高了。

现在的他还会坚持每天晨跑锻炼。他相信，身体是革命的本钱。不管再怎么忙，学习工作再劳累，他都会留出时间锻炼，感受风的轻抚，享受流汗的快乐。

不忘初心：他要把部队习得的精神放在创业上

转眼间，退伍复学的蒋迪已经要大学毕业了。对于自己的新生活，他是这样规划的：他要把自己的精力放在创业上，把自己从军营里、从学校里学到的一切都用上。尤其是在军营里练就的坚韧不懈的品质、吃苦耐劳的精神，可以为他的创业保驾护航。

蒋迪尊敬的老班长——那个从他进入部队的第一天就陪伴着他的人，也将退役了。士别一日，尚且如隔三秋，更何况两年未见。蒋迪是多么渴望见他一面，多么想和他再吃一顿热腾腾的行军餐啊。他期待着那一天的早日到来，内心呼唤着老班长的归来：“老班长，赶紧回来吧，咱们像以前一样大口喝酒，大口吃肉啊！”

“突然好想你，我的老班长；突然好想你们，我的战友们。”我想，当时蒋迪的内心一定是这样一种感觉的。

“青春是手牵手坐上了永不回头的火车，就算某天我们都老了，不会遗憾就足够了。”

蒋迪说，假如再让他选择一次，他还会选择在蝉鸣风熏的日子里参军，而且会再多服役几年。

蒋迪和战友们在一起

采访感悟

这一次的采访，让我们感受良多，受益匪浅，不仅使我们对于军人这个身份更加了解，也拉近了军人与我们的距离。从前我们觉得军人是遥不可及的人物，保家卫国的是在国旗之下受万众赞美的英雄。但是经过这次采访，我们感觉军人其实也和我们一样，有着和我们相似的烦恼、平凡的生活和好友二三。退伍学生蒋迪，现在看来也已经和我们一样是普通的学生了，他正在为自己今后的人生道路认真地做着打算。但是他的身上却仍带着一股军人的正气。我们相信，这段从军经历会一直给蒋迪的生活带来正面的影响。

——张清清　日语161班；王相回　法学162班

把责任扛在肩上的摩托化步兵

文：章　悦　指导教师：伍　醒

人物瞄准镜

龚建阳，男，1993年10月出生，籍贯浙江绍兴，2012年考入浙江大学宁波理工学院电气专业学习。2014年9月应征入伍，成为一名摩托化步兵。2016年9月退伍返校，继续就读电气专业。在部队服役期间，参加了2015朱日和·A演习。

新兵营中的兄弟连

龚建阳的当兵之路不是那么顺利的。身为家中珍视的孩子，父母对他选择入伍并不支持，和大多数父母一样，他们希望孩子能够安安心心地读书，然后找个好工作，而不是在“炼狱”中摸爬滚打。但谁曾想，曾经学业有成的青年，有一天会投笔从戎，带着倔强和执拗，奔赴属于热血青春的战场，但他认为，在那个张扬的年纪，就应该背负起古人修身齐家治国平天下的壮志。他眉宇之间对军营的敬重，让我热血澎湃。这个社会，这个时代，难得的并不仅仅是在国家危难的时候挺身而出，难得的，还有那在太平盛世，敢为人先，满腔爱国志和一颗灼灼跳动的年轻的心。

但是，这个满怀志向的青年，在刚进入军营的时候，经历了现实的残酷洗礼。“特别能吃苦，特别能战斗”的口号绝对不是说说而已，刚进来的三个月新兵训练，把他内心对于军人的期望和想象冲淡了，原先以为军营能够带来人生的光荣，但却没想到在光荣的背后肩负着无数的使命和责任。这使命和责任在一个年轻人的肩上负担着，是那般肯定又理直气壮，又好像毫无道理可言。军营，就是这样！刚入伍时，他那摩托化步兵的新身份，意味着不能投机取消，不能依靠先进设备，必须一步一步，冲锋在前。这个最古老的兵种，靠着踏实的步伐，成就着一群走出来的英雄。这兵种，意外地契合他的喜好。

前三个月，确实是新兵的“地狱”。他刚进新兵营时，面对的是严厉的班长和一项接着一项的训练任务。第一个月，他们绕着整个训练地点外围一圈一圈地跑，他的班长没有指明公里数，只说了要跑到吐。整个新兵连，慢跑到脑子从不清醒到清醒，再从清醒到不清醒……直到人群里，谁喊了一声，“他吐了”，然后身为新兵的他们全部瘫软在地，每个人，每张脸似乎都在发抖，他甚至记不清当时自己是怎么回到宿舍的。他没有流泪，但喉头里确实都含着血。那一刻，他倒在训练场上，对军营生活的憧憬之中，更是多了一层厚重，他心里想，这才第一个月，才第一周……还有三个月，还有两年……

来到军营，没有“自己”这个概念，他们——整个新兵连，就是一个巨大的“人”，只有融为一体才能无坚不摧。他始终牢记这个信念。在第二个月，当他们训练快跑、限时跑的时候，同战队的一个战友因为跟不上集体的脚步，双腿直接跪了下去，满头大汗，嘴角发白……可以说，当时的每个人都有着无限的压力，因为没有谁可以轻松地完成班长给的任务，他也处于崩溃的边缘，但是他想起了班长关于“一个集体”的嘱托，他主动拉起那位战友，什么也没说，但是分出一部分本身就很缺乏的力气，撑着他，一起跑。

集体，集体，那天，他才真正知道集体的概念，那就是别人跑不了，全部人都要受罚，每一个人和战友，都是联系在一起的，他们最终全部完成了操练，那位靠着他而支撑下来的战友，现在成了他的好兄弟。这种纯粹依靠体力和耐心的持久战，因为有战友们的相互扶持，变得不那么难了，他也开始摒弃了以往只顾自我的心态，做好迎接下一段旅程的准备。

三个月，在一分一秒的艰苦训练中，终于走完了。看着自己比三个月前更黑的皮肤，比以前更亮的瞳孔，在这种痛苦严肃的地方，他却觉得更加安心，或许这，就是追梦的青春模样。

后来，他们熬到了可以给父母打电话的日子，许多人在听到父母声音的一瞬间，眼泪夺眶而出，积攒起来的委屈和伤心想和父母一口气说完。这时候，哪有什么男儿有泪不轻弹。他们可以为了一个任务，前赴后继，可以为了一个目标，在演习战场摸爬滚打，但是他们做不到在远离家人，独自生活的一片天地里，在听到家人声音的时候不哭泣。他们是战士，可以冲锋陷阵，但也有侠骨柔情。

班长的故事

部队高节奏的生活意味着每一个时间段都被安排得满满当当，每一天都像是激情澎湃的诗篇，由这群年轻战士谱写，激昂壮烈。

刚来时，龚建阳每天要叠被子，每天要负重跑，每天要体能训练，每天要站队列，枯燥乏味的生活和印象中冲锋陷阵的战士形象大相径庭，甚至让他产生了厌倦部队的心理情绪，之后的操练，他也变得越来越不走心。他的班长很快察觉到了他的懈怠，作为过来人，班长知道这是必须要经历的一个过程。班长很快就找了他，主动了解他内心纠结和矛盾的问题，然后问他在读书的时候是否担心过会随时付出生命。他果断地摇头。后来班长语重心长地说："知道什么是军队存在的意义吗？外面车水马龙、灯红酒绿，这些都和我们没关系。外面的人，他们会担心上班，会担心失业，但是他们不会担心战火蔓延，不会时刻担心生命是否有危险，这就是军队存在的意义。而我们在这儿，就是履行这样的使命。我们送走了一批军人，又会再来一批军人，不变的就是我们坚守的目的，那就是保家卫国。"

在班长耐心细致的谈话中，他开始真正明白了军魂是什么：一遍遍的队列象征着整齐有序的军队纪律；在模拟毒气中穿梭打滚，象征着危机四伏的战争；军令如山象征着军队的庄严肃静。他开始自责过去的敷衍，在之后的日常操练上，他开始打起十二分的精神。既然进入部队，就要担负随时付出生命的责任，参军前的他绝对不会想到牺牲，那是因为有军队，有这样一群愿意为国家付出宝贵生命的战士们，他们用血肉之躯守护国家的安全。光荣的是，现在的他加入了这个行列，他的心中也开始只有这一个信念，那就是变强，承担起守护国家安全的重任。

他知道以他目前的能力，能做的事并不多，但他却从来没有停止成长，军营的生活给他带来了很多收获。军营是枯燥的，是男儿血性的搏斗场，也是比拼耐性和毅力的战场，军营一趟，受益一生，他也比以往更加从容、负责、坚强了。

每一个人都年轻过，但并非每一个人都全力以赴有所成长。那些说自己过了个假青春的，老的时候会不会心无所依？龚建阳实现梦想的青春的道路，逐渐开阔明朗，在烈火的锤炼下，他成了真正的军人。我相信，有一天当他老了，这些回忆足够让他热泪盈眶。

把责任扛在肩上

还记得刚进入军营宿舍时，龚建阳连被子也叠不好，但他却能够向叠得好的战友求教，最终叠出标准的军被。他将每一次的演习当作真实的战场，每一次都严格要求自己去弄懂和掌握所有的细节，在土地上滚打，在硝烟中穿梭，提高自己的速度和敏捷度。

“我们是兵，是军人，一身军装在身上，这就是责任。”

部队生活，总是存在着些许遗憾，在他快要离开军营的那半年里，部队接到了抗洪抢险的任务。对于这个任务，他心生向往。那时候，和他同年入伍的战友们都热血沸腾，想要在离开部队的时候，给他们的军旅生涯画上完美的句号，所以他们都报了名，希望以军人的身份，在国家需要的地方为人民做一些贡献。但是，事实总不尽如人意，他们最终没被选上，他们只能将遗憾留在心底，将期望寄托于那些赶赴前线的勇士们。

他知道自己必须报效国家，这是一种从军人的自豪感中衍生出来的真情，两年，他的转变又何止这些呢?

不是每一个人都敢参军，不是每一个人都能参军。人的命运，全在于个人的选择，你要相信有人一日参军报国，一生义无反顾，有人肩负军人的尊严和使命挥汗如雨，有人默默无闻，却以国为己任。

时间在最后的一个月似乎按下了快捷键，原来心心念念的2016年9月终于到来了，当背上背包，一如来时的状态时。他的心情，出乎意料的平静。

来时的天气不好，走时的天气意外的好，来时父母为避免伤心，没有来送行，但归来的时候，全家上下齐出动，架势看起来似乎在迎接一个勇士。在没有见到他们之前，他几近热泪盈眶，但见到他们之后，一切的心情都平静了下来。他们把儿子看成他们的骄傲。一切都很熟悉，他也很快适应，坐在车里，看着部队逐渐远去，似乎告别了一段生活，今后，他不再是摩托化步兵了，而是电气142班的一名普通大学生！但他知道，一定有一些东西变得不一样了，现在的他，眼神里更多的是坚定，是对未来的憧憬和对生活的期待，接下来的每一天，他都是饱含热情的勇士。

整个世界还在转动，汹涌的人海，消散的人群，一批又一批的人们在做着手里的事。只有他知道，他不一样了！仅仅两年的光景，他对自我，对

校园里身着戎装的龚建阳

社会，对国家，都是崭新的！终究还是要告辞了，但他将背上行囊，继续出发，做一个朝圣者，向着远方进军！

军人的不平凡

每个人的生命都是有意义的，我们要么已经找寻到自己存在的价值，抑或是还在探寻的路上。事实上，对于大部分的大学生来说，我们无知觉于自己的意义、价值，更无从谈起实现自我的梦想。我们大多随波逐流，按照描画的轨迹前行。是我们自己没有毅力去拼搏，没有办法有所作为，还是安慰自己平凡可贵？曾经的碌碌无为，荒废的韶光，使得自己本应张扬的年纪被湮没。但一次抉择，让龚建阳找寻到自我，参军健体魄，练毅力，强国防。自己的生命也因参军而有了新的意义，这意义里燃烧着他的壮志雄心。

梦想，就像黑夜里的星光照亮我们，也引领我们。“有些人二十岁就死了，八十岁才被埋葬。”这句话的意思是说，有些人肉体还活着，灵魂却已经死了。这并不是我们愿意看见的。我们要带着自己的灵魂，在生活里闪闪发光，踏上自己的脚印，然后在历史的洪流中留下自己的姓名。

愿每个人踏实肯干，成为自己的英雄！

采访感悟

“学子强军梦”的主题契合时代的背景，当下，“厉害了我的国”等爱国旋律激荡在我们的身边，想起国家，想起职责，我总是最先想起军人，我认为有这样的一个机会去了解他们，是一件非常荣幸的事情。

他们不仅是军人，更重要的是他们是我们学校的军人，他们很多时候和我们一样，并非遥不可及，这才最让我感动。采访进行得很顺利，学长非常配合，讲述了很多军旅时候的趣事，让我从这份铁血热情中感受到了鲜活和柔情。再去看这次活动，我想，这种军人情结和对国家的职责，才是活动真正想要传达的正能量。

——章　悦　金融164班

南京城里的纠察兵

文：严迎露　指导教师：吴新林

人物瞄准镜

沙照东，男，1994年12月出生，籍贯浙江宁波，2013年考入浙江大学宁波理工学院计算机专业学习。同年9月应征入伍，成为一名纠察兵。2015年复员返校，就读软件工程专业。在服役期间，曾获得“优秀士兵”称号，任副班长。

从小就生活在宁波的沙照东，高考之后还是选择了地处宁波的大学——浙江大学宁波理工学院。2013年9月，也许是长时间处于同一个地方而厌倦了，进入大学之初，在家人的支持下，沙照东毅然选择了从军，去呼吸另一个城市的空气，成为南京城里的一名纠察兵。

南京城里的“新兵蛋子”

沙照东说，没想到自己被分配到南京当兵，更让他没想到的是部队竟然驻扎在南京城的市中心。这让他着实兴奋了一把，以为不用风餐露宿，不用野外行军，不用对抗演习。然而，进入部队之后，他发现，虽然身处南京市中心，部队的要求却非常严格，严格到超乎他的想象。现在回想起来都不知道自己是怎么挺过来的。

他进入的南京军区某部，是一支战功卓著、具有优良作风和光荣传统的部队。无论是在战争年代还是在和平时期，这支部队在巩固国防、维护社会稳定和人民生命财产安全中屡建功劳。部队主要执行警备勤务，必要时协助地方维护社会治安。由于处在城市中心的位置，营区高度戒备，要求相当严格。

当得知自己是纠察兵时沙照东还是蛮庆幸的，心里想至少训练会轻松很多。但事实却恰恰相反。踏入部队的第一天，天气阴沉沉的，严肃的氛围，使他心中压抑得难以呼吸，就如快要窒息一般。接受了班长布置的任务后，他心中隐隐地不安，却又不得不面对现实。沙照东回忆说，进部队的头几天感觉如进了监狱一般，即使是上厕所也要请假，在严格的制度和所处地理位置的多方因素综合影响下，部队对他们的要求十分严格，使他们感觉任何一件事都在监督之下。这种状态，对于一名刚经历高考重压之后三个月的放松生活的准大学生来说，如同一盆冷水浇在脸上。

沙照东换了一个坐姿，继续回忆着新兵营的生活。

清晨6点起床，其实那并不是真正的起床时间，在这之前必须快速洗漱完毕，各项物品摆放至正确的位置，完成清晨的内务整理。内务整理是一天中最轻松的活。带着惺忪的双眼最先开始的是体能训练，结束后是早饭，在高声嘹亮的军歌后才是包子、馒头等香甜可口的美食。几分钟的限时吃饭时间是一天中最为享受的时光。白天是整日的队列训练，几天的训练下来，沙照东沾床就睡，梦里常常是因自己队列姿势不规范而受罚的场景。

第一周训练下来，他腿脚发麻发酸。内向腼腆的他睡在班长的对头，训练中班长悄悄问了一句“累吗？”原以为是关心的问候，他先是默不作声，然后点了点头，但万万没想到点头的后果是被罚做1小时的蹲坐。晚上睡在班长对头的他耳旁又响起了“累吗？”的问句，他连忙摇头说“不”。

沙照东说，那段时间，噩梦般的新兵生活让他内心泛起了对家人的思念，但一向固执的他每当新的一天来临时都暗暗给自己信心。“起初也有打退堂鼓的打算，但是咬咬牙就过去了。”淡淡的一句，意味深长，实际上，他需要强大的毅力去面对每一天的高强度训练。

部队在管理和执行规范上极其严苛。白天，日复一日地艰苦训练，晚上又有可能被分配去执行站岗执勤的任务。笔挺的身躯，手握枪支，唯有月亮的陪伴，或是夏日蛐蛐的叫声，抑或是冬日里呼呼的冷风声。有时候夜间接到通知前去值班，即便是困意重重，仍然要以标准的姿势站立。他开玩笑说，这也练就了他站着也能睡着的本领。虽然这只是一句玩笑话，但这句话的背后却是沉甸甸的辛酸苦楚。不身处其地又怎么能够想象白天汗流浃背地训练后夜间仍要站岗的艰辛呢？又怎能想象一天只睡三四个小时却要坚持高强度的训练呢？又怎能想象犯一个小小的错误就要全班接受处罚的严厉后果呢？

第一次远离家乡，离开父母的怀抱去独立生活，对性格独立的他来说，起初并没有过多的心理负担，但军队生活的艰辛与自己想象之间的巨大落差却给他带来了很强的负面情绪。第一通电话打通了，是打给他爷爷的。一直以来，爷爷对他的宠爱无人能比，不知是否是受传统观念影响，孙子对爷爷来说就是掌中宝，从小到大爷爷总是会迁就他，少不了对他的关心和呵护，总怕孙子受了什么委屈，鉴于此，在他选择当兵直至当兵出征的那一天为止，父母都没有把这个消息告诉爷爷，担心爷爷会心疼孙子而劝阻其不要当兵。“喂——”听筒里传了熟悉的声音，是爷爷，多日未听见，原本有好多好多的话想对他说，可是，那一刻，他哽咽了，眼泪悄悄地划过他的脸庞。“喂，谁呀？”“爷爷，是我！”“小东啊，那边过得还好吗？吃得还好吗？”沙照东再也控制不住内心的软弱，眼泪夺眶而出，哭红了双眼。虽然是个男孩子，但真正触及内心最柔软的部分时，谁能忍得住呢？

这个南京城里的新兵蛋子，一直咬牙适应着训练带来的艰苦以及心灵上对家人朋友的思念，“路是自己选的，必须自己走下去”，他这样坚持着。

优秀士兵的背后，他付出了汗水

谈及他在部队的优秀成果时，他以欣喜又自豪的语气说：“我在第一年就获得了优秀士兵的荣誉称号。”

有目标才有动力前进。“优秀士兵”对新兵来说是最高的荣誉，不试试看怎么知道自己不行？要强的沙照东在第一次大会上就给自己暗暗定下了目标。“没有目标的生活是极其悲哀的”，这透露出他对自我的高要求。一步一步，从给自己定下目标，到用日常训练中的训练成果给自己加压，还有参加演讲比赛等项目的一次次评优，荣誉由一块块基石叠加而成，每一次训练，每一次活动，他都以高要求严格要求自己，因为他坚信，他可以的！他可以通过自己的努力获得“优秀士兵”的荣誉。

优秀士兵这个称号并不是一个简简单单的称号，寄予了班长的深深期望，也寄托了自己内心的深深期盼。当在第一次大会上给自己定下目标的那一刻起，他尽量去争取和尝试挑战。可是这背后又不知需要付出多少的汗水和努力。在军队的第一次“咱当兵的人”演讲比赛，不仅仅锻炼了个人能力，同时也是对优秀士兵的综合考量。对于日常中所有时间都被安排得满满当当的新兵来说，只能挤出就寝前的几分钟时间来准备初稿，几天下来，断断续续形成了初稿，接着又是反反复复地修改，一次又一次地打磨。而演讲比赛最重要的是表达，把文字通过丰富的语言讲演出来才能真正感染大家。这对一向内向腼腆的他来说是个巨大的挑战。但他铆足了劲儿，清晨早起在宿舍楼下的花坛边背稿，对着镜子反复进行练习，把稿子随时带在身边，只要有空余时间就练习，也顾不上战友们笑他吃了迷魂药。比赛结果是，他用一等奖为连队添彩，为自己增色。

连队作为一个集体，必须具备强烈的集体观念，当有个人犯错时，必须是全班受罚。他记得当时自己韧带不好，但下蹲是日常的惩罚姿势，每一次长达一小时的下蹲对于他来说在时间过半后就难以忍受。可是，军队最基本的要求是服从，他每次都是咬紧牙关坚持下去，纵使咬出血来。

功夫不负有心人，在综合考评中，他脱颖而出。当他拿到证书的那一刻，内心的激动和喜悦是无法抑制的，那是对于自己付出的肯定和回报。

高标准下的纠察训练，他体悟了“无差错”

结束三个月的新兵生活后，他需要接受纠察兵的专门训练。白日里练队列、擒拿、射击，练反恐、防爆、处突，晚上仍要不定时地站岗，一切行动必须无一丁点儿的差错。相比周围的喧嚣与热闹，营区显得极为严苛，制度规范更为严格，不得有丝毫马虎。在璀璨的霓虹灯下，这一抹橄榄绿显得格外耀眼。

“两脚跟靠拢并齐，两脚尖向外分开约60度，两腿挺直，小腹微收，自然挺胸，上体正直，微向前倾，两肩要平，稍向后张，两臂下垂，自然伸直，手指并拢自然微曲，拇指贴于食指第二节，中指贴于裤缝，头要正，颈要直，口要闭，下颌微收，两眼要平视前方”这是立正的基本姿势要求。停止间转法，起步走，正步走，一系列的动作，纠察的队列训练只提供了文字要求，要求战士们把内容背诵下来，自己琢磨，第二天由班长检验训练成果。原以为刚经历过军训的沙照东在队列训练上稍有优势，但事实并非如此。第一天成果检验时，自信满满的他按照军训要求进行了展示，出乎意料，班长一瞥后说：“跑10圈后回来，下一个。”沙照东顿时如跌入了谷底，明明是军训时作为标兵的动作，现在却不被认同。跑了10圈后回来的他，只有5秒钟的调整时间，必须马上继续入列训练。直练到所有士兵站成一排，拉起一根绳子，脚尖的位置整齐得差距小于1厘米，行进中手臂摆动的高度完全一致为止。

日复一日地训练，他不仅收获了纠察兵的实战技能，更深刻体悟到对纠察兵“高标准，无差错”的要求。

从新兵到副班，他明白了什么叫责任

入伍的第二年，沙照东很荣幸成了班级的副班长，负责带领新兵。副班长的身份赋予了他不一样的角色，身上多了一份责任，要协助班长带好整个班。

在一年的相处中，班长无形中给了他许许多多的引导，他从一名普通士兵，到一名优秀士兵，到如今的副班长，一路走来都离不开班长的教导。

2015年秋日里的一个傍晚，警报拉响，部队接到紧急通知，一个山区由于长时间的秋雨，积水过多，导致山体泥石下滑，有居民受困，请求支援。对于长期以来接受的是纠察兵训练的他们来说，这是一项相对陌生的任务。但由于时间紧迫，容不得丝毫的犹豫和纠结，他在班长的带领下，和其他几个新兵一同前往，在车上听取指挥部部署各自的任务，从容不迫地紧随队伍前进。由于时间紧急，加上当地物资匮乏，救灾的难度大大增加了。不顾倾盆大雨砸在他们的脸上，他们克服极端天气条件的影响，众志成城地完成了救灾抢险任务。永远也忘不了在水潭和泥泞中艰难地一步步行走，永远也忘不了当时雨水砸在脸上的痛，永远也忘不了在“一场秋雨一场寒”的季节里雨水灌入身体的冰冷，永远也忘不了腿脚因长时间被污水浸泡而皮肉分开的麻木。

“当时一是因为情况紧急，人员缺乏，二是想到自己身为副班长应该尽的责任。”他诚恳的眼神中更多的是那份强烈的责任感。在面对艰险之时，生命固然是放在第一位的，但他选择前行，即便是艰难的任务，他也选择挺身而出，不畏艰险地勇往直前。这件事虽说算不得是轰轰烈烈，但至少，身为一名士兵，他担起了应尽的责任。完成任务时，虽然他们每个人的脸上满是泥土和疲惫，但遮不住脸上的坚毅和安定，他们用行动实践了誓言。

从一名普通的新兵到副班长，不一样的角色，不一样的思考方式，改变不了的是那份沉甸甸的责任。

卸甲归来，他是同学们心目中的阳光青年

“当兵后悔三个月，不当兵后悔一辈子。”两年的义务兵之后他选择了退伍回到学校。那一段一生都刻骨铭心的经历对他来说就是一笔宝贵的人生财富，他坚定地说：“虽然苦，但永不后悔。”

2015年夏天，他回到了学校。再进校园的他，拥有了更加强健的体魄，加入了新的班级，回到了进大学之初的生活。青青校园，一草一木，清新的芳草香味儿，亲切的食堂阿姨和保安叔叔，富有活力的同学，一切都是那么熟悉，但是，他又感到了些许陌生，如今，他是以一位退伍军人的身份步入校园，他，不一样了。

他保持着部队养成的良好的卫生习惯，并一直植入自己日常的生活中。他会定期打扫寝室卫生和个人卫生，在摆放整齐度上也对自己有严格的要求，甚至严格到不允许床铺上有一根头发。

他满怀着对篮球的热爱与激情加入了学院篮球队，团结协作，拼搏进取，积极比赛，在学院的篮球队里贡献了自己的青春和力量。每一个进球，脸上洋溢的是幸福与自豪，每一次和队员默契配合，每一个荣誉和闪光，都是他和团队成员共同辛勤付出收获的甜美果实。

他带着坦诚与周围的同学相处，他尊敬的老班长加深了他对"坦诚"二字的理解：于己，要以坦诚的心来面对，明确自己的方向和定位，确定自己努力奋斗的目标，决不能虚无缥缈，一纸空谈。于人，更要以一颗坦诚的心对待，带着真诚相处，彼此关照，相互鼓励，坦诚以待，把点点滴滴的大学生活铸成不灭的记忆，铭刻在心中。

他在日常生活中延续着部队的纪律要求。经历高中的苦涩、束缚与压抑，经历军营的规范、纪律和成长，曾经的散漫已经蜕变成严谨与坚毅，他懂得自我约束，有清晰的计划与打算，准备走上创业之路，就如他坚定地说"知道自己要干什么"。最初对大学的一切都充满着新奇和好感的心，也变得平淡从容。他会更合理地分配时间，他会更专注于学习。他也以一种的新的视角看待周围的人和事，对"横看成岭侧成峰，远近高低各不同，不识庐山真面目，只缘身在此山中"有着自己的解读。正是部队的两年，让他发生了悄然的改变。

青春，是一个残酷的词，但又不明白它为何残酷。或许是因为成熟，所以知道残酷。或许是因为成熟，才会慢慢遗忘了青春。两年的部队生活，虽饱含着艰辛，但现在细细回想起来的更多是快乐，是感激。繁花过后，青春散尽。那些当初遥不可及的梦想，随着一阵微风而远行，不留一丝足迹。青春经不起肆意挥霍，军旅生活给予他青春不一样的色彩，从入伍到退伍，从退伍到返校，一次次转变，更像是“破茧成蝶”的蜕变。

2017年7月，即将大三的他，熟悉的校园，不一样的自己，怀着对军营生活的感恩，带着自己对梦想的期盼，准备为自己的人生好好拼一把。对于今后的道路，这个成熟的大男孩也有了自己的初步规划，会踏实地走好接下来的每一步。

采访感悟

机缘巧合，有幸作为一名采访者去聆听军营生活的讲述，也能更近一步去感受真正的军营生活。在采访过程中，通过他铿锵的语气语调，我真切地体会到作为一名退伍军人“当兵后悔三个月，不当兵后悔一辈子”的自豪与骄傲，还有初入军营时难以言喻的艰辛与痛楚。一段段小故事的讲述完全颠覆了我曾经对军队生活的印象，军人的背后，是森严的规范制度。我们年龄相仿，但我难以想象他们作为新兵时与我们大学生活的巨大差距。白日训练，晚上不定时地站岗，日复一日，是对身体素质的训练，对意志的磨炼，更是对自我价值的提升。这段刻骨铭心的记忆给退伍军人的青春添了一道别样的色彩。简短的采访，叙写不完军营生活的苦与甜，这次与年纪相仿退伍军人的沟通交流也让我收获颇丰。

——严迎露　金融164班

蜕蛹成蝶的武警“内卫”

文：朱　蓉　指导老师：陈　鑫

人物瞄准镜

林盛，男，1994年3月11日出生，籍贯浙江衢州，2013年考入浙江大学宁波理工学院机械电子工程专业。2014年10月应征入伍，成为一名武警战士。2016年9月退伍返校，就读机械电子工程专业。在部队服役期间，表现良好，被评选为“优秀士兵”。

林盛，一个激情满怀、豪情万丈的浙江少年，于2014年10月入伍，成为一名光荣的武警战士。8月1日，不仅是建军节，也是他父亲的生日，这使得他对军人有着独特的情怀，这也是林盛参军的内在动因。

从不后悔选择参军

访谈那天，蓝天白云，夏风和煦，我与林盛相约在校园里的阳明学堂。在会面之前，我原本以为他是一位比较高冷的男生，但一见面，他满脸的笑容和亲切的问候，打消了我的顾虑。在轻松愉快的氛围下，我们很快就畅聊了起来。

“今日之责任，不在他人，而全在我少年。……少年强则国强。……少年雄于地球则国雄于地球。”梁启超的话一直犹如座右铭一样，深深地印刻在林盛的脑海里。“环视周围之少年，生出无限的忧思与惶恐。当娱乐至死、娱乐至上成为年轻人的主流时，当一个国家的大多数青年人没有崇军尚武的精神底蕴时，任人宰割的历史也必将重演。”初见林盛时，他发出这样的感慨，实在令人深思和敬畏。

林盛是浙江龙游人，当兵是自己的选择，他从不后悔。他说，当兵后悔三个月，但不当兵，自己会后悔一辈子。每个人参军的理由各有不同，但林盛参军的理由似乎比较独特。其他人或许是因为高考不满意而想考军校。而林盛的目的很纯粹，一是为了改变一下自己的旧生活，求得新的生活。参军，能够使自己的身体得到强有力的锻炼，意志得到强有力的磨炼。孟子曾说："天将降大任于斯人也，必先苦其心志，劳其筋骨，饿其体肤，空乏其身，行拂乱其所为。"二是受到家庭亲人的影响。林盛的叔叔曾经是一名军人，退役后被分配到政府工作。林盛从小便受到叔叔军旅生涯的耳濡目染。在叔叔的影响下，林盛从小就对军队的艰苦、严肃的生活充满期待，一直向往自己能成为一名军人。历史上和影视剧中军人的光辉形象也深深地印在林盛的脑海深处，让他对军旅生活满怀憧憬。

可以说，参军是自己的一个机遇。参军前，林盛总感觉自己碌碌无为，在大一期间还常常挂科，每天打打游戏，处于一种颓废状态。那时的林盛并不会考虑自己的学业和前途，只求考试及格。虽然心中早有参军的想法，但和大多数人一样，心中想法虽多，但敌不过自己的慵懒。终于，在人生的路口"挣扎"了一个暑假之后，在家人的支持下，林盛毅然决定入伍，当一名光荣的军人。那年是2014年，林盛正好20岁。身材微胖的他背上行囊，背井离乡，踏上了去山西参军的路，开启了为期两年的军旅生活。

军人要有向前的勇气

本来，林盛想当一名陆军，但因名额已满，并没有达到他的期望，最后在山西的一个军事基地成为一名武警，专门负责看守犯人，俗称"内卫"。在开始的新兵时期，每天都是高强度的训练，先是早操，早操结束后有半小时的时间，进行叠被子、扫地等内务工作。生活物品都要按照规定有序地摆放，地板要求一尘不染。每个人的精神都要高度紧绷，挑战的就是自己身体的极限。每晚进行体能测试，班长陪着一起训练、睡觉，不及格的话就得加班加点地训练，直到及格。

面对高强度的训练，林盛人在山西，离家较远。不想家是不可能的，其内心的辛苦，无人倾诉，只能自己默默承受，去消化那种无法言语的累与苦。林盛说，自己能一路走来，靠的是两个法宝，一个是坚持，一个是乐观。军队生活，酸甜苦辣，唯有坚持才可以书写更加恢宏的篇章。生活，是需要我们一步步走出来的。

他笑着说："这三个月虽很辛苦，但毕竟已经过去，我要开心地向它挥手告别，记住它的美好。军人就是应该向前看，毕竟生活是不断地向前发展的。"是啊，生活总是在不断向前，我们不要为了一些"鸡毛蒜皮"的小事而止步不前，否则就会错过前面美好的风景。训练必定是辛苦的，但也有很多开心相伴。幸运的是，在军队中，林盛有许多同甘共苦的好战友，现在依然保持着亲密联系。那时，他们一起艰苦训练，一起吃冰棒解暑，一起开心地笑谈往日的乐事，一起彻夜畅谈自己的理想，一起挺起胸膛护国安民。也许，唯有同吃苦共患难的战友情，是这世间最珍贵的友情。林盛所在的军营，地处山西相对偏远的地方，生活条件相对艰苦些。他们伙食一般是四素一荤一汤，菜包子是常吃的主食。最开心的事要数被派出去买东西，因为那时他们才可以"出山"，去看看外面的世界。因为林盛是为数不多的大学

战友间分享一根老冰棍

生，所以他还能常常帮炊事员写菜单。当别人在训练时，他可以趁着帮忙写菜单“偷偷懒”，这大概也算那时的一大乐事吧。在部队里，林盛的业余生活还是挺丰富的。他们常常约班长在晚饭后一起去电子室“练练”，其实就是相约一起打会儿游戏，都是些枪战类的游戏。在节假日里，一个省里的不同部队相聚在一起，观看文艺兵团的慰问演出。由于武警内卫部队中女兵很少，所以这个时候也是最“养眼”的时候。

军旅的生活，让林盛学会成长。军队更像是一个纪律严明的小型社会，士兵、排长，连长都住在一个地方，每天都要见面。在这里，大家都受到严格的管理，精神和身体都是高度紧绷的。首先，自己要学会合理地处理人际关系，比如怎么跟班长、老兵搞好关系，怎么提升自己。其次，自己学会了责任大于天。每个人都有属于自己的那份责任。在自己的岗位上，军人就要做到最好。

毅然踏上新的征程

两年的时间，犹如白驹过隙，军旅的生涯很快就过去。2016年，林盛退伍了。他退伍时虽然不会像老兵退伍那样无奈，但更多的是一种不舍。林盛告诉我们，他当兵并未失去什么，而是获得了许多无形的财富，他入伍前的朋友还在原地等他回来相聚，又有部队里的战友在远方挂念着他，自己收获了朋友，又更多了一份责任。退伍返校，林盛从一个会挂科的“不良少年”变成一位学习狂魔。这次来访正值学习紧张的期末，我可是预约了好几次，他才抽出学习时间，接受访谈的。

他还变成了一个完美主义者。刚刚退伍时，他极不习惯大学寝室里的乱糟糟，主动承担每天打扫寝室的任务，打扫到一尘不染。当被问到退伍之后最大的变化是什么时，林盛回答道：“变懒了，又变胖了。”这也是大多数退伍的老兵常说的，在缺少外在约束力时，人的惰性就会出现。但是军队中培养的某些军人素质则是永远不会消失的。

军队对一个人的改变确实很大，就像我虽然只参加了短短两个星期的军训，却永远记住了《渴望光荣》这首军歌。现在每当听到这首歌，我都会感动得热泪盈眶。这首歌会让我打起精神，让我陷入对那段美好的时光的回忆中。

退伍后的林盛也有了自己新的人生规划。他决定大学毕业后去当一名公务员。为什么要做公务员呢？林盛回答道："公务员和军人一样，同样有着为国为民的责任与担当，两年的军旅生活不仅让我有了对家人、对亲人的责任感，更让我有了一份为国为民的担当，可以说，军人和公务员殊途同归。"

面对新的征程，林盛面带坚毅地表示："人生就是自己的一次次选择，你自己想好就去执行，完成自己的一个个目标。不管是在军队，还是在大学，你都得努力学习，学习新的东西，不断提升自己的能力，毕竟未来的人生都是靠自己打拼出来的。" "不忘初心，方得始终。"通往美好未来的路，仿佛就在林盛脚下。

采访感悟

在期末考试结束时，我对林盛学长进行了采访。刚开始我以为林盛学长十分高冷，因为在联系期间学长对我的预约回应较慢，我担心在采访中会有一些困难，交流会出现问题，所以，当我约到林盛学长时真的特别开心。7月1号的下午我们在阳明学堂外面的休息区对他进行了采访。我见到他的第一面有点意外，学长居然是一个快乐的、胖胖的形象。学长十分乐观，在交谈的过程中，我改变了对他那种高冷、严肃、古板的军人的印象。他其实是一个乐观开朗的人，与我交流人生的感悟，告诉我在军队里的酸甜苦辣。

在后期的写作的时间里，我被他在军队生活的心态渐渐影响，开心过一天是一天，不开心过一天也是一天，为什么我们不开心地度过快乐的日子呢？生活虽有苦，但是忍一忍、熬一熬就会是甜的了。

——朱　蓉　旅游学班 162班

后 记

记得是2017年4月的一个傍晚，我从挂职单位回学校，巧遇思想政治理论部主任伍醒老师，两人便聊起刚刚召开的全国以及全省高校思想政治工作会议情况，特别是围绕习近平总书记提到的要提升思想政治教育亲和力和针对性，我们畅谈了自己的认识与想法；其间，伍老师提及近年来一直在探索的“微化”教育教学实践已经有所收获，希望能继续做些尝试与积累，并正在考虑新一期的话题。来往之间，我们几乎是不约而同地想到了退伍返校大学生这个较为特别的群体，一是考虑将纪念中国人民解放军建军90周年与“微化”教育教学实践本地化导向做些结合，挖掘寻访大学生中的典型；二是当时正是学期中期，学生课业繁忙，要在课余时间到校外寻访难度较大，“就地取材”不失为一种较好的选择。一拍即合，趁热打铁，我们对后续的大概安排也一并做了讨论。

这一想法得到学校党委宣传部、党委学工部以及教务处、团委的认可与支持，各部门均给予了指导和帮助。从寻访对象的选择到采访提纲的拟定，从团队成员的招募到采访技巧的练习，从范文的解析研究到写作的培训辅导，大家都极为用心，百般磨砺。只是，其中一些意料之中又意想不到的困难，对进程多少有些影响。比如，很多受访同学当时已临近毕业，既要忙于毕业论文，又要奔忙于学校与实习单位之间，采访时间实难预约；再有就是团队中的同学虽然经过培训，但是毕竟专业所限，采访与写作能力各异，进度很难保证一致；还有就是很多受访同学或因离开部队时间已有几年，或因部队有保密要求等，一些细节自己也已不尽详知、不便多述，在服役期间的照片也极为有限。这些都给我们带来了不少的困难。

功夫不负有心人！令人鼓舞的是，整个团队自始至终都坚守着那份初心与热情，像石榴籽一样紧紧抱在一起，相互支持，相互助力；受访的退伍学生也竭力配合，纵使已经前往异地求学，或是正在艰辛创业，都能有求必应。这期间，伍醒、吴新林、朱美燕、金慧燕老师在前期的策划与指导起到至关重要的作用，每个精彩故事形成初稿的过程都倾注了指导老师和采访写作同学的大量心血；后期，朱笑燕同学又对缺补素材做了统一的收集与整理，吴新林、聂迎娉、芦美丽、金慧燕等几位老师还集中精力对文稿做了相对一致的修改与校对；成稿的图文经同学们编辑后已经在“淘思想吧”微信平台上逐个推送，起到了很好的传播效果。

党的十九大胜利召开，我们迎来新时代的春风，和煦、温暖、有力量！在此背景下，我们将文稿整理成书，并撰此后记，向携笔从戎的学子们致以崇高的敬意，向为本书出版付出辛劳的老师和同学们表示由衷的感谢。书中不足之处，也敬请指正。

李　炜

2018年6月于甬